37살, 초보 여사장의 창업 성공기

37살, 초보 여사장의

창업 성공기

당신도 할 수 있습니다!
스터디카페 매물 찾는 법부터 운영, 마인드셋까지

모든 초보 사장님들의 필독서

Minerva studycafe

좋은땅

Prologue

37세 대한민국 평범한 미혼 여성,
난 왜 회사를 나오게 되었을까?

나는 학점 3.0으로 지극히 평범하게(?) 대학교를 졸업하고, 잘 놀고 때론 처절한 연애도 하며 직장 생활을 한 30대 중반 여성이다.

결혼만 하면 인생의 1막은 잘 마무리 지을 것 같았던 내가 어째서 현재 스터디카페를 운영 중이며, 그것도 매출을 100프로 가량 올리고 책도 내고 대학원도 다니면서 동기들과 다른 삶을 살고 있는 것일까?

회사에서 승승장구하며 한 손에는 스타벅스 커피를, 목에는 사원증을 달고 멋있게 PPT 발표를 하던 내 모습은 완전 뒤바뀌어 버렸다.

앞으로 이 책에서는 평범한 여성이 살아온 과정과 어떻게 극적으로 모든 삶의 방향이 바뀌게 되었는지, 또 스터디카페를 인수하며 저조했던 매출을 올리게 되었는지 기술하게 될 것이다.

변동성이 높고 한 치 앞도 알지 못하는 극적인 현재의 삶을 이어 나가는 30대들에게 위안을 주고, 현재 창업을 준비하는, 무인점포를 운영하려고 하는 분들께 조금이나마 도움이 되었으면 한다.

목차

고용된 삶에서
자영업자로

1. 37살, 회사에 다시 돌아가지 않겠다는
굳은 결심을 하다

내 어릴 적 이야기를 해 보려 한다.

나는 어렸을 때부터 책을 좋아했고, 학창 시절엔 반장을 꽤 여러 번 역임했다.

대학에 와서는 전공이 맞지 않아 여러 번 방황을 했지만 그래도 공부를 꽤 오랫동안 해 온 편이다. 제대로 된 첫 직장을 30살에 다녔으면 말 다 한 거지.

18살부터 난, **영화 프로듀서가 꿈이었다.** '타이타닉'을 보고 그 당시 이 영화 한 편의 수익이 현대자동차의 연간 수익과 맞먹는다는 뉴스기사에 난 뭔지 모를 묘한 흥분에 휩싸였다. 이렇게 재미있는 영화를 찍으면서 돈도 벌 수 있다니!

거기다 감동은 플러스! 그래서 난 연극영화과를 지망했다. 그렇지만 부모님은 반대하셨다. 한평생 공공기관 근무와 농사일을 병행하며 그래도 하나밖에 없는 딸, 서울에 대학 보내 좋은 직장 보내는 게 큰 업이라 생각하셨던 부모님한테는 청천벽력 같은 소리!

결국 난 후에 영화 프로듀서 일을 하기 위해 어디에도 통할 수 있는 문과를 선택했다. 어디에도 통한다는 건 어느 곳에도 전문적이지 않단 말이다. 그래서 난 '문송'했다. 문과여서 죄송하다! 얼마나 통찰력 있는 단어인가. 지금 생각해 보면 사람이 성장하는 데 환경이라는 요소는 참 중요하다.

사실 과가 직업을 결정하는 데 큰 요소로 작용하는 시대는 많이 지났다고는 하지만 어린 사람들에게는 본인의 배경이 때론 인생을 결정하는 데 큰 영향을 주기도 한다.

생각보다 영화판은 녹록치 않았다. 그 당시 비전공자들을 위한 영화아카데미가 많지 않아 신촌의 한경아카데미의 영화 수업을 들으며 다녔지만 큰 연결고리는 찾지 못했다. 콘텐츠진흥원의 장학생으로 뽑혀 들어갔지만 난 밝지 않은 미래에 결국 움츠러들고 말았고 결국 5년간의 내 꿈을 포기했다. 나에게 첫 실패라는 단어가 박혀 버린 것이다.

이후 전공을 살려 외무영사직을 준비했다. 갇혀 있는 것보단 해외로 나가 살며 교민들을 도우며 사는 것이 내 인생관에도 잘 맞을 듯했다. 3년의 수험생활. 지금 생각해 보면 난 I이면서도 E 타입이다. 혼자 있는 걸 좋아하지만 또 혼자서 갇히는 건 싫다. 사람들과의 교류 없이 10시간씩 공부한다는 것이 여간 힘든 게 아니었다. 단기 집중력은 좋지만 끈기가 부족했던 난 28살이 되어서야 두 번째 실패를 내 인생에 새기게 되었다.

자, 이제는 무얼 해야 할까

사람은 경험과 기억으로 완성된다. 아무 경력도 없던 나에게 한 가지 불씨가 남아 있었다. 바로 대학 때 했던 과외 아르바이트. 강의는 내 체질에 맞지 않았지만, 1:1로 학생들에게 학습동기를 심어 주며 학생들이 성장하는 모습에 뿌듯했던 과거의 기억이 떠올랐다. 그래, '**교육**'이다.

역시 공부였다. 꾸준히 열심히는 하지 못했으나, 난 정말 공부를 좋아하긴 했나 보다.

다시 교육이란 키워드로 내 인생의 궤도를 돌린 걸 보면 말이다. 다행히 나의 학창 시절의 노력(?)과 '관심'을 좋게 봐주신 면접관님들 덕분에 여자로서 늦은 나이에도 불구하고 좋은 회사에 취직할 수 있었다. 그런데 내 인생의 또 다른 복병이 있을 줄이야.

답답함

아무것도 하기 싫은 상태,

무기력과 비슷하나 좀 더 나가면 폭발할 것 같은 상태

난 공부를 좋아했고 반장 및 학회장을 역임하며 사회가 맞춰 놓은 제도권 아래에서 그 누구보다 잘 지내 왔고, 잘 지낼 거라 생각했다. 그런데 신기했다. 회사는 달랐다. 오후 3시만 되면 소리 지르고 싶었고 상사들이 하는 결정은 대부분 공감 가지 않았으며 그 어떤 것에도 흥미를 느끼지 못했다. 모든 체제가 불합리해 보였고 마치 사춘기 소녀처럼 난 모든 것에 의구심을 품고 항의를 하고 싶었다.

세 번째 실패

이제 와서 밝히지만,(아닌가, 내 첫 책에서도 밝혔던 거 같기도 하다) 난 꽤 많은 회사 그것도 좋은 회사들을 다녔으나 오래 다니지 못했다.

지각? 업무 숙련도? 매출 미진? 돌이켜보면 모두 다 반대였다. 전날 밤 과음을 해도 절대 지각은 하지 않았으며, 업무는 어디든 그리 어렵지 않게 숙달되어 오히려 더 자주 지루함을 느꼈는지 모르겠다. 매출? 음, 자랑은 아니나 내가 맡았던 프로젝트들은 전임자 대비 2배 이상 신장률을 보였다.

대체 뭐가 문제란 말인가.

그런데 이것도 지금 생각해 보면 사실 회사에서 미워해 봤자 뭐 얼마나 미울 수 있을까. 난 그 '사람'도 미웠지만 대부분 상사들의 '선택'이 미웠던 것이다. 용납할 수 없었다. 내 제안이 훨씬 회사에 이익을 가져다 줄 텐데! 내 제안이 거절당할 때마다 난 속으로 분노했고 점점 더 무기력해져 갔다.

아빠가 내게 한 '사회부적응자'란 소리도 맞겠지만, 글쎄. 난 내 사업을 해야 직성이 풀리는 사람인 것이다. 내가 스스로 결정하고 그 모든 것에 책임을 지는 일을 하면 달라지지 않을까?

그래, 사업!

바로 이거였다. 난 일을 좋아했고 또 몰입하면 심지어 야근도 재미있던 적이 많았다. 그러나 왜 수익은 항상 같아야만 하는 것인가. 연간 보너스도 나에게는 바닷물처럼 마셔도 마셔도 채워지지 않는 갈증 같은 거였다.

난 결국 다시는 회사에 이력서를 내지 않기로 결심했다.

맞지 않는 길에 나를 던지려는 나나, 거기에 맞추려는 또 다른 나나, 나 때문에 떨어져야만 하는 이름 모를 경쟁자들과 남은 자들에게 더 이상 피해를 끼치고 싶지 않았다.

며칠간의 울음 끝에 난 결정을 내렸고 회사에 과감히 사표를 던졌다.

이제 시작해 보는 거다.

근데 무슨 사업을 어떻게 할 건데?

2. 사업을 시작할 때 중요한 것?

흥미와 시간 투자

사업 아이템을 선정할 때 가장 중요한 것

내가 좋아하는 것을 찾아보자. 난 교육기획자였다. 현재는 아니나 미래에도 이 직업을 가질 거란 거에는 한 치의 의심도 없다. 공부를 좋아하고 학습 후의 긍정적 변화를 몸소 보고 실천할 수 있었다.

첫 번째 키워드, 학습.

앞에서도 말했듯이 나는 답답함을 이기지 못해 파랑새를 찾아 이직을 여러 번 하였다. 이직을 자주 하면 한 회사에서 근무기간이 짧다는 단점이 있지만 다양한 회사를 경험할 수 있단 장점도 존재한다. 실제로 사업을 하면서 가장 도움이 되었던 경험도 바로 다양한 이직 경험이었다.

두 번째 키워드, 지루함을 덮어 준 다양한 경험.

난 답답함을 싫어하고 금방 싫증을 낸다. 그리고 새로운 기획을 좋아한다. 그렇다. 난 창의적으로 나만의 일을 해야 한다는 결론에 다다랐다.

세 번째 키워드, 기획.

그럼 이 세 가지 키워드를 가지고 사업 아이템은 어떻게 선정해야 할까?

흥미를 일으키고 긴 시간을 투자할 수 있는 것, 즉 지치지 않고 꾸준히 내 시간을 투자할 수 있는 게 무엇인지 찾아보아야 한다.

여기서 많은 사람들이 고민한다. 취미와 사업 아이템은 다르다. 독서와 영어 공부, 전시회 감상 같은 것보다 더 고차원적으로 접근을 해야 한다.

내 얘기를 잠깐 해 보자면, 난 30대가 되면서 영어 스터디 모임장을 역임했다. 스터디 모임을 운영하려면 장소가 필요했는데 그때마다 카페에서 하기도 했고, 스터디룸을 빌려 일정한 금액을 지불하며 스터디를 이어나가기도 했다.

공부할 때나 일을 할 때도 난 카페나 도서관을 자주 다녔다.
그렇다. 스터디룸과 카페!
내가 긴 시간을 투자하는 것(곳)

또한 나는 공공기관부터 작은 소규모 기업까지 여러 곳에서 교육기획 운영 및 사업을 운영해 보았다. 각기 장단점이 존재하나 역설적이게도 사업에 가장 도움이 많이 되었던 곳은 가장 경쟁이 심하고 할 일이 많았던 소기업들이다. 난 여러 회사에서 고객을 끌어당기는 마케팅 기술, 사업 계획에 있어 큰 역할을 배울 수 있었다.

사업을 할 때 사장은 A부터 Z까지 다 알고 있어야 한다. 그래야 사람을 고용해도 제대로 된 업무 지시가 가능하다. 간혹 무인점포를 정말 무인으로 알고 있는 사람들이 많은데, 여기서의 무인은 **'고객 입장'에서 무인**이다. 즉 운영자들은 보이지 않는 곳에 눈과 귀, 때로는 몸도 같이 있어야 한다는 것이다.

방법이 아예 없지는 않다. 집을 나가지 않고도 컴퓨터로 모든 작업을 할 수 있는 사업도 있다. **바로 무인 시스템이 갖춰진 사업이다.**

자, 나의 분석은 끝났다. 그럼 무얼 해 봐야 할까?

한 공간에서 일하는 것에 답답함을 자주 느끼는 난, 분석 결과 무인점포를 해야 했고, '무인'이라는 키워드로 여러 사업들을 서칭하였다. 온라인도 있었지만, 고백하건대 약 3년 전 신사임당 님의 유튜브에 힘입어 시도를 해 보았지만 코로나라는 역병에 중국에서 수입을 제때 해 오지 못해 결국 3개월 만에 처참히 접어야 했다. 그리고 난 인터넷보다는 직접 고객을 만날 수 있는 **오프라인이 더 적합하다는 것**을 깨달았다. **직접 보고 싶었다. 모든 과정을 그리고 손님들의 반응들을.**

그리하여 무인 아이스크림 전문매장, 코인노래방 등 여러 곳이 후보에 올랐다.

무인 아이스크림 전문매장

3,000세대 대단지 아파트를 중심으로 작은 평수의 1층 점포들을 찾기 시작했다. 초도물량과 인테리어 비용을 합쳐도 그리 크지 않은 금액에 창업을 시작할 수 있었다. 또한 각 기업에서 비정기적으로 물량을 채워 주니 더더욱 내 손이 안 가도 되기에 큰 희망을 품고 찾기 시작했다.

그러나 난 하지 않기로 마음을 먹었다. 이유는 3가지이다.

첫 번째, 내가 사는 지역(관악구)의 3,000세대의 아파트의 직주근접의 1층 점포들의 임대료는 상당히 가격이 오른 상태였다. 조금 더 나가 동작구도 알아봤지만 거기라고 다를쏘냐. 오히려 신규 대단지 아파트가 가격이 더 비쌌다. 10평 기준으로 거의 250~350에 임대를 내놓고 있었다.

두 번째, 수익률이 낮았다. 소비자가보다 30~50프로 싸게 파는 아이스크림 물량을 굉장히 싸게 매입한다 해도 임대료와 전기세, 미리 들어가는 인테리어 비용 및 전기 공사 등은 초반 투입비용의 BEP(손익분기점)을 높이기만 했다.

세 번째, 무인이 무인이 아니다. 생각해 보자. 자전거를 제외하고는 주인 없는 노트북과 지갑은 안 훔쳐 간다는 대한민국이지만 이런 사소한 가격의 상품에는 오히려 양심이 없어지는 게 인지상정인가 보다. 조사 결과, 학생들이 계산을 하지 않고 나가는 비율이 꽤 높았고 그에 대한 비용도 무시하지는 못했다. 그렇기에 수시로 CCTV를 점검하거나 방문을 하여 소비자들에게 주의를 주고 또한 여름에는 안에서 취식하는 경우도 많아 바닥에 떨어진 아이스크림 등을 치워야 한다. 무인매장에서는 청결함이 우선이다.

이런 점들을 봤을 때, 무인이지만 유인경영을 피할 수 없고 사람을 고용하거나 내가 자주 직접 가야만 했다. 사람을 고용했을 때의 비용 또한 무시할 수 없었기에 난 포기하기로 했다.

무인 카페

근처 무인 카페들을 직접 방문하고 무인 커피머신 등을 많이 찾아보았지만 커피 맛이 유인 카페에 비해 현저히 떨어졌다. 여기서 이미 탈락이었지만 나를 더 주춤하게 만들었던 것은 기계 가격대였다. 실제로 2022년 8월에 방문한 카페 박람회에서 자동커피머신의 가격은 6,000만 원이 넘었다. 실제 우유를 넣기 때문에 다른 곳보단 맛이 좋았지만 매일 방문하여 우유와 커피원두를 관리해야 한다는 점, 그리고 원두를 꼭 본사의 비싼 커피를 사용해야만 한다는 점(하지 않을 경우 본사에서 머신 작동을 멈춘다고 한다)에 난 자리를 박차고 나올 수밖에 없었다.

커피 맛에서 가장 중요한 건 원두와 추출머신일 것이다. 머신은 그렇다

치더라도 원두도 내 마음대로 고르지 못한다면 그건 소비자를 기만하는 것이라는 생각에 난 계약을 하지 않았다. 다른 곳들도 1층만을 선호한 나의 고집 덕분에 위 아이스크림 전문매장과 동일하게 수지타산이 맞지 않아 접게 되었다.

코인노래방

여긴 간단했다. 처음엔 무인이라는 점에 혹했지만 내가 좋아하는 분야 즉 흥미 부분에서 탈락이었다. 거기다 지루할 것 같았다. 최종 탈락. 그리고 가장 중요한 임대료 및 수익이 나지 않아 상기 아이템들은 목록에서 버려야만 했다.

시간은 흘러갔고 나는 점점 조급해졌다. 내가 과연 창업이란 걸 할 수 있을까? 내 안에 두려웠던 것들이 올라오기 시작했다. 그러다 문득 약 5년 전부터 계속 하고 싶었고 리스트 후보에도 있었지만 다소 큰 평수에 엄두가 나지 않았던 스터디카페가 생각났다. 터무니없이 비쌀 거란 생각에 찾아보지도 않았지만 한번 살펴보기로 했다. 이게 내 첫 시작이었다.

3. 그래, 너야! 스터디카페(Studycafe)

스터디카페. 가슴이 뿌듯해졌다. 바로 당장 계약을 한 사람처럼 기뻐 하늘을 나는 기분이었다.

그러나 입안의 돌기처럼 계속해서 내 맘을 잡는 무언가가 있었다. 나 잘할 수 있을까? 아니지, 이럴 때가 아니다. 정신 차리자!

우선 스터디카페에 대해 알아보자. 스터디카페란 독서실이 진화한 형 태로 독서실과 카페를 접목하여 24시간 개방하는 형태의 학습공간을 말 한다.

여기에 더해 총무가 있는 독서실과는 달리
키오스크(Kiosk, 주문과 결제를 할 수 있는 기계) 형태로 이루어져
무인으로 운영하는 것이 큰 특징이었다.

시설업이기에 초기 자본이 많이 드는 대신 일정 평수 이상부터는 비용 이 줄어드는 구조여서 대부분 50평 이상이 많았다.

스터디카페는 2017년도부터 붐을 이뤄 2022년 9월 기준, 스터디카페 프랜차이즈로 등록된 브랜드만 100여 개가 넘으며, 탑 브랜드 6개의 프랜 차이즈 매장 수가 약 1,200개에 달한다. (마이프차 myfranchise.kr 참고)

개인 스터디카페는 이보다 더 많을 것이라 예상한다. 학습열을 볼 수 있는 가장 큰 지표가 아닐까 싶다. 요즘 수도권을 보면 역을 기준으로 5~6

개는 기본으로 있으며 대치동, 노원, 평촌, 목동 주요 대형학원들 근처에서는 한 건물에도 3개 정도는 기본으로 스터디카페가 있는 것을 확인할수 있다.

이렇게 경쟁률이 치열한 곳에서 내가 스터디카페를 열 수 있을까?

창업한다 하더라도 유지는 가능할까? **벌써부터 두려움이라는 방해물이 생겨났다.**

난 무언가를 결정할 때 a안, b안 혹은 장단점을 생각한다. 스터디카페라는 안이 결정되었으니 **장단점을 분석**해 보았다.

스터디카페의 장점

① 키오스크 혹은 어플리케이션 활용으로 운영을 무인으로 할 수 있다.

② 무인으로 인력비와 내 시간을 아낄 수 있다.

③ 소비자의 활동의 범위(학습)가 적기에 큰 비용이 들지가 않는다.

④ 학구열이 높은 대한민국에서 절대 없어지지 않을 사업. 또한 평생교육 시대가 도래하면서 전 세대를 아우를 수 있는 소비층이 있다. (플랫폼이 바뀔지라도 충분히 니즈는 넘치는 사업)

스터디카페의 단점

① 무인이기에 자주 CCTV로 관찰을 해 주어야 한다.

② 언제라도 컴플레인을 해결해야 한다. (24시간 근무체제)

③ 창업이 쉬워 경쟁자가 금방 늘어난다.

④ 시설업이기에 노후에 대비해야 한다

이렇게 정리를 하고 나니 마음이 한결 가벼워졌다. 그렇다면 단점을 자세히 뜯어보자. 크게 두 부분으로 나눌 수 있다.

①번과 ②번: 운영 부분
③번과 ④번: 기획 부분

운영 부분은 꽤 자신 있었다. 배운 게 도둑질이라고 교육생들에게 받는 컴플레인을 해결해 주는 CS는 늘 해 오던 것이었고, 대학생 때부터 카페와 도서관, 스터디카페를 다니며 공부했던 내 경험이 <u>소비자의 니즈를 파악하기엔 충분했기</u> 때문이다.

24시간 근무? 훗, 이 정도야 뭐…. 우선 호기롭게 넘겼다. '새벽에 얼마나 큰 문제가 생기겠어? 녹화도 되니 문제없을 거야!'라고 생각했으나… 이건 큰 오산이었다…. (이건 후에 다루겠다)

문제는 **기획 부분**이었다. 미래의 경쟁자를 미리 점칠 수도 없고, 시설 노후는 이 사업이 가지는 고유한 특성이기에 내가 뜯는다고 고칠 수도 없는 부분이었다.

우선 **인근 소비자에게 맞는 최선의 시설을 만들고** 후에 부딪혀 나가 보자고 결심하며, 드디어 다음 단계로 넘어가게 되었다.

그래서 어떻게
시작할 건데?

1. 창업의 세 가지 방법

스터디카페 창업에는 세 가지 방법이 있다.

직접창업과 프랜차이즈 창업 그리고 인수창업.

첫 번째, 직접창업은 말 그대로 창업주 본인이 직접 도움을 받지 않고 상권분석, 인테리어, 공사, 운영, 마케팅 등 전반적인 것을 A부터 Z까지 다 책임지고 하는 것이다.

두 번째는 위의 리스트 중 실질적인 운영과 마케팅을 제외한 모든 것들을 계약체제로 진행하는 **프랜차이즈 가맹사업**이다.

세 번째는 기존의 스터디카페를 권리금을 주고 승계받는 **인수창업**이다.

이 장에서는 인수창업을 제외하고 설명을 해 보겠다. 더불어 상권분석과 운영 및 마케팅 등은 모든 창업 시 필요한 항목이고 후에 뒷장에서 따로 설명을 이어 나가도록 하겠다.

1) 직접창업

스터디카페는 앞서 설명했지만, 시설업이다. 우리나라 대도시는 인구 비율이 낮지 않고, 또 학습에 대한 니즈가 전 세대에 걸쳐 충분하기에 사실상 가장 중요한 것은 인테리어와 구성일 것이다. 인수창업을 한 나이지만 직접창업도 고려했었기에 다시 상기해 보자면, 공사 견적은 최소 10군데 이상 받아 보는 것이 좋다. 거래하는 업체가 다르고 또 시시각각 변하는 분위기 발맞추기 위해서는 **트렌디한 감성을 갖춘 가구 및 색 혹은 조명 등을 전체적으로 조화롭게 배치해 주는 인테리어가 필수적이다.**

이런 디테일한 것까지도 잘 맞는 업체가 있을 것이다. 후에 진행하는 X 배너 디자인 한 장조차도 색감이나 전체적인 레이아웃을 설명하는 데 비전공자로서는 한계가 있었다. 그래서 잘 맞는 디자이너와는 짧은 시간 내에 소통을 끝낼 수 있었으나, 간혹 4번 이상 시안이 오고 가는 경우가 있었다. 한 장짜리 배너 디자인도 하루가 걸릴 수 있는데 **인테리어에서 '소통'의 중요성은 더 말할 필요가 없을 것이다.**

창업주 본인이 디자인업계 출신이 아니거나 비전공자일 경우 익숙지 않은 표현에 큰 어려움이 있기에 **먼저 소통이 잘되는 업체와 컨택하고 의논하길 적극 추천**한다.

그리고 스터디카페 평수에 대해 말하자면 **50평 이상을 추천하는 바이다.** 물론 서울은 임대료가 너무 비싸기에 공사비도 부족하고 경험도 없으면 큰 평수에 덜컥 겁이 날 수도 있다. 대략 2021년 8월 기준 스터디카페 공사비용은 1평당 150~250만 원이었다. 물론 키오스크나 제빙기 등의 기계 값은 뺀 가격이다. **하지만 50평 이상을 추천하는 이유는,** 시공사에 따라 다르지만 기본적인 값이 매겨져 있기 때문이다. 40평이든 50평이든 대부분 평당 비용이 150만 원 이상이고 30평대는 더 비싸게 견적을 내준다. 또한 스터디카페는 기본적으로 공부를 하는 곳이다. 그리고 시간당 돈을 받는 곳이기에 **최소 한 사람이 한 번에 6시간 이상은 결제를 해야 유의미한 소득**이라 볼 수 있다.

대부분의 사람들은 3시간에 한 번씩 커피 한 잔과 화장실을 이용한다. 거기에 따르는 비용도 발생되는데, 이런 점을 고려해 보면 6시간 이상 공부할 수 있는 환경을 조성해 주어야 한다.

그다음으로 중요한 것은 개방감과 쾌적도다.

물론 많은 좌석을 보유하고 싶은 마음은 충분히 이해하나, 개방감이 요즘 트렌드이다. 내가 공부하는 책상이 남들에게 보이지 않는 단독좌석이면서도 일어섰을 때 멀리 내다볼 수 있는 넓은 공간을 원한다.

그럼 정리해 보자.

단독좌석과 개방감 이 둘을 잡으려면 최소 50평 정도는 돼야 한 달 임대료(서울 기준 50평에 보통 250~600만 원)가 나오게 된다. 보통 1평당 1좌석이 이상적인데 이외에 휴게공간과 스터디룸까지 더하면 약 50석+α 공간이 필요하다.

50석은 평균 50~70프로 이상 동시입석률 기준으로 세운 것이다.(보통 바로 옆에는 앉지 않는다. 또한 성수기 4개월을 제외한 평균월 기준이다)

하루 1좌석당 12시간 입석 가정, 1만 원당 25석~40석

⇒ 25만 원~40만 원

⇒ 한 달 기준 700~1,200만 원

이건 정말 아주 보편적이고 매우 단순한 계산식이다. 여러 요건이 맞춰졌을 때 이런 계산식이 나온다. 왜 50평 이상이 필요한지 설명하기 위한 단순식이니 참고 바란다. 결론적으로 직접창업 시 50평 기준 인테리어 공사비만 약 1억이 소요된다. (나머지 값 제외)

키오스크는 직접매입 시 거의 500~1000만 원이 들고, 기타 제빙기 및 책상 의자 합쳐서 약 5천 정도 더 소요된다고 보면 된다. 즉 최소 1억 5천

만 원이 든다는 것이다.

2) 프랜차이즈 창업

이는 설명을 돕기 위해 2022년도 정보공개서 기준 최소비용으로 캡처를 해 보았다. (직접창업과 비슷해 보이지만. 실제로 상담을 받다 보면 상이할 수 있음을 꼭 명심해야 한다)

가맹점 창업비용

· 2022년 정보공개서 기준

165㎡ (49.9평) 기준　　X1　X1.5　X2

보증금	1,000만원
교육비	330만원
가맹비	330만원
기타	5,610만원
인테리어	1억 2,650만원
전체	**1억 9,920만원**

1위 르하임(1억 9천9백20만 원)

가맹점 창업비용

- 2022년 정보공개서 기준

198㎡ (59.9평) 기준   X1 X1.5 X2

보증금	500만원
교육비	330만원
가맹비	1,100만원
기타	7,430만원
인테리어	9,120만원
전체	**1억 8,480만원**

2위 토즈(1억 8천4백80만 원)

가맹점 창업비용

- 2022년 정보공개서 기준

165㎡ (49.9평) 기준   X1 X1.5 X2

보증금	0원
교육비	220만원
가맹비	1,430만원
기타	5,250만원
인테리어	8,500만원
전체	**1억 5,400만원**

3위 하우스터디(1억 5천4백만 원)

2. 어쩌면 창업 준비의 다일지 모르는, 상권분석

상권분석이란?

창업하려는 업종에 맞는 지역을 탐색하고 그에 맞게 창업을 계획하는 과정이다. 오프라인 마케팅은 점포를 두고 하기에 상권이 매우 중요하다. 처음 스터디카페를 창업한다면 다음과 같은 사항이 중요한 요소가 될 것이다.

1) 직주근접

특히 스터디카페는 책을 들고 움직여야 하기 때문에 학교 및 집과 먼 곳은 이용하기 어렵다. 아무리 시설이 좋다 한들 2~3kg씩 되는 책과 가방을 들고 멀리 움직일 수 있을까? 그것도 100m 안에 여러 개가 밀집되어 있는 대도시라면 직주근접성이야말로 최고의 선택기준이 된다.

2) 내 집과 가까운 곳

스터디카페는 무인이지만 무인이 아니라고 했다.

24시간 365일 오픈한다는 것은 점주가 항상 신경을 써야 한다는 말이다. 자유이지만 자유가 아닌 것이 바로 스터디카페 창업이다. 그렇기에 이 책을 읽는 당신이 처음 창업을 준비 중이고, 또 스터디카페를 잘 모른다면 집과 가까운 곳에 창업을 하기 바란다.

나 또한 1년 전만 해도 이사라도 가겠다는 마음으로 현재 집에서 3시간 걸리는 경기권까지 총 100여 군데에 임장을 다니기도 했다. 정말 우연치 않게 집에서 10분 거리에 첫 인수창업을 하기 전까진 의기양양했으나 돌이켜보건대, 이사라는 것도 인생에서 중요한 문제이기도 하고, 초보에게 점포와 집과의 거리는 정말 정말 중요하다.

후에 또 이야기하겠지만, 창업 후 4개월간 많은 일들이 일어났다. 그것도 밤에. 이건 상권 내 주 타깃층에 따라 다르겠지만 내 스터디카페는 20대 대학생부터 30대 공시생까지 주로 성인들이 많이 이용한다. 그렇기에 창업 후 4개월간 저녁시간은 내 것이 아니게 되었다.

90프로의 컴플레인이 거의 저녁 7시 이후부터 들어왔다고 보면 된다. 유선만으로 해결되는 것들도 있었으나 초보로서는 내 발을 직접 움직여 해결하는 것이 마음에 편해 발 빠르게 움직였다. 지금 생각해 보면 그때 내 운영 실력은 한 단계 업그레이드되었다. 그러니 당신이 초보라면, 부디 자택 근처에서 창업하시길. 아니면 당분간이라도 거주지를 옮겨서 상황을 파악해 보길 바란다.

3) 거주인구와 유동인구의 파악

'상권분석'이란 말을 들으면 다들 인구수가 많으면 좋다고 생각한다. 그렇지만 시설업은 어차피 한계가 있다. 모든 이를 흡수할 수도 없고, 들어온다고 해도 시설의 노후 속도만 가속화될 뿐 타깃층을 구분해야 한다.

경영학 용어 중에 **STP전략**이란 말이 있다. 잠재고객의 욕구를 발견하기 위해 먼저 시장세분화(Market segmentation)를 하고 예상고객이 존재하는 표적시장(Target marketing)을 선정, 고객의 특징을 파악한 다음 제품이나 브랜드 서비스를 포지셔닝(Positioning) 하는 전략을 말한다.

나는 먼저 위에서 집과의 거리가 중요하다 했다. 내가 사는 곳은 관악구다. 1인 가구가 가장 많은 곳으로 서울대학교와 신림동 고시촌이 근처에 있어 20~30대의 수험인구와 대학생이 많이 포진된 곳이었다. 그렇기에 학습에 대한 열의가 강하고 쾌적한 장소를 찾는 거주인구가 많았다.

또한 강남과의 거리가 가깝고(2호선으로 약 15분), 청년창업벤처타운으로 선정되어 많은 유동인구가 있었다.

포지셔닝 전에 다른 지역 스터디카페의 주 타깃층을 얘기해 보자면 사실 스터디카페는 옛날 독서실에서 파생된 개념이다. 이 말은 10대를 겨냥한 수험생 자습실이라고 보면 된다. 그렇다면 스터디카페는 어디에 많이 있었을까?

그렇다. 중·고등학교가 있는 3천 세대 이상의 대단지 아파트나 대형 학원가에 많이 포진되어 있었다. 지금도 지방과 1기 신도시에서는 학원가와 아파트 단지에 훨씬 더 많은 스터디카페가 있고 나도 이에 동의한다. 굳이 비싼 역세권이나 20~30대를 타깃으로 하지 않아도 된다는 뜻이다. 전국적으로 비율로 따지자면 아직도 유동인구가 많은 역세권보단 거주인구가 많은 대단지 아파트 내에 스터디카페가 훨씬 많기에 자기 집의 위치에 따라 이 인구수를 잘 파악하여 창업지역과 STP를 선정해야 할 것이다.

이러한 사항들을 고려하여 결정된 내 포지셔닝은 '청춘', '감성'이었다. 이 포지셔닝은 후에 마케팅이나 브랜드에 영향력을 끼치고 거시적인 관점에서 사업의 승패를 결정하기에 정말 중요한 개념이다.

자, 이제 전략을 수립했다면 어떻게 통계적으로 알아볼 수 있을까?

4) 통계자료 찾아보기

소상공인 상권정보(sg.sbiz.or.kr)

소상공인 상권정보 사이트에 들어가면 로그인을 하지 않고도 이렇게 아래 사진처럼 업종에 따른 특정 지역의 월평균 금액과 유동인구 등을 볼 수 있다.

무료로 회원가입을 하면 더 자세한 정보를 볼 수 있기에 지역의 특성을 잘 모르겠다면 강력히 추천하는 사이트이다. 또한 사이트 이용방법이 어렵다면 소상공인 교류 사이트에 접속하여 '상권분석'이란 강의를 검색하면 이 사이트에 대한 정보를 알려 주는 강의도 있으니 꼭 참고하길 바란다.

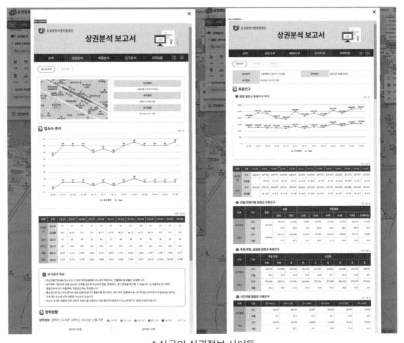

소상공인 상권정보 사이트

우리마을가게 상권정보(golmok.seoul.go.kr)

만약 당신이 서울에서 창업을 할 거라 다짐했다면 위의 소상공인 상권정보 사이트와 더불어 한 곳을 더 추천하려 한다. 바로 우리마을가게 상권정보 사이트인데 UI가 훨씬 더 깔끔하고 직관적이라 보기가 용이할 것이다.

앞의 그림에서 보면 관악구는 주거인구와 유동인구의 순위가 다르다. 각 지역마다 교통 및 상업지구, 굵직한 회사들의 포진율에 따라 제각각이니 꼭 창업 전에 점포의 특징과 타깃층을 결정하고 위 사이트들을 이용하길 바란다. 스터디카페는 학습키워드도 있지만 코로나로 재택에 대한 이슈 때문에 유동인구와 주거인구를 다 참고할 필요가 있는 업종이다.

그리고 위 사이트들에서 **경쟁강도**를 알아볼 수 있다.

간단하게 주거인구/유동인구별 점포 수를 보면 되는데 이건 모든 사이트에서 참고가 가능하다. 하지만 직관적으로 보려면 바로 네이버지도를 참고하면 좋다.

네이버 지도(map.naver.co.kr)

우선 네이버지도에 들어가 자기가 찾아보고자 하는 지역을 클릭해서 중심으로 놓고 왼쪽 검색탭에다 '스터디카페'라고 쳐 보자. 그러면 그 지역에 스터디카페가 몇 개 정도가 있는지 나올 것이다.

나는 전국에서 학습열이 가장 높다는 지역인 대치동 한티역 근처로 검색을 해 보았다. 세어 보지 않아도 경쟁강도가 얼마나 심한지 알 수 있었다. 그런데 이렇게만 보면 정확한 경쟁강도를 파악하기 어렵다. 차를 타고 스터디카페를 가는 사람은 극히 적기 때문이다.

소상공인시장진흥공단

상권분석 보고서

| 요약 | 업종분석 | 매출분석 | 인구분석 | 지역현황 | | |

요약

| 분석영역 | 서울특별시 관악구 인헌동 | 분석일자 | 2023년 09월 16일 |
| 분석업종 | 독서실/스터디 카페 | | |

요약

업소

| 업소수 | 전월대비 | 반경1km 지역 | 전월대비 |
| 27개 | 0.0% | 39개 | ▲ 2.6% |

매출

| 월평균 매출액 | 전월대비 | 월평균 매출건수 | 전월대비 |
| 1,166만원 | ▼ 1.7% | 932건 | ▲ 13.2% |

※ 업소별 월평균 매출 기준이며, 분석영역 내 업소수가 2개 이하일 경우 매출은 행정동 평균 데이터로 제공함

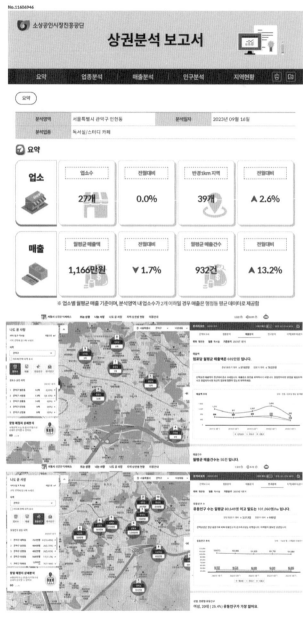

네이버 지도 1

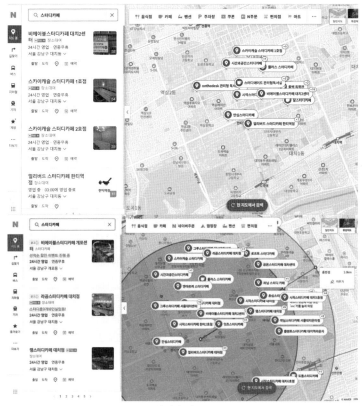

네이버 지도 2

이때 중요한 것은 직주근접! 오른쪽의 반경 버튼을 클릭하여 1km, 500m의 원을 그려 보자!

지방은 중심점에서 1km 반경원을 그려 보길 바란다. 위낙 인구수가 적기에 더 나은 환경으로 차를 태워 보내려는 학부모들도 있기에 최대한 1km 안에서 경쟁강도를 먼저 파악하길 추천한다.

대치동처럼 학구열이 높고 스터디카페 잠재고객이 많은 곳은 사실 500m도 많다. 400m로 좁혀도 무려 10개가 넘는다.

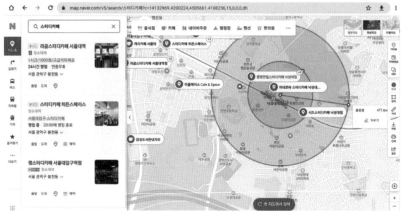

네이버 지도 3

위의 사진은 낙성대역 근처의 500m 반경원이다. 6개 정도로 경쟁강도도 높지 않고 잠재고객 수나 임대료를 비교해 봤을 때 결코 나쁘지 않은 곳이다.

플러스, 스터디카페만 검색하면 안 된다. **'독서실'도 꼭 같이 검색해서 캡처하여 분석하길 바란다.** 다행히 역세권이라 의미 있는 경쟁 독서실이 없기에 이 장에서는 뺐지만 유사업종도 타깃층이 겹칠 수 있기에 꼭 키워드 검색을 다양하게 하여 DB화해야 한다.

이번 챕터의 상권분석 방법은 다른 업종에도 적용 가능한 것으로 창업 전에 꼭 한번 해 보길 원한다. 임장을 가기 전에 대략적으로라도 인구수 대비 경쟁강도를 파악하고 가면 훨씬 더 많은 시간을 줄일 수 있고, 또 다른 부분을 좀 더 깊게 파악할 수 있다.

오프라인 창업은 시간싸움이다.

1부터 100까지 매번 직접 눈으로 볼 수 없기에 여러 가지 툴(tool)을 이용해 좀 더 수치적으로 빠르게 분석한다면 더 나은 지역선정과 포지셔닝을 결정할 수 있을 것이다.

3. 결정했다, 인수창업!

인수창업이란 앞서 설명했듯이 기존의 영업장을 권리금을 주고 매수하는 것이다.

물론 여기서도 장점과 단점이 있다. 먼저 인수창업의 장점에 대해 알아보자.

① 따로 거창하게 인테리어나 공사할 것이 없다. 바로 영업이 가능하다.
② 기존의 브랜딩을 바탕으로 새로운 고객 유치에 대한 부담감이 적다.
③ 새로 창업하는 것보다 저렴하게 운영할 수 있다.

여기까지 들으면 누구나 인수창업을 꿈꿀 것이다. 그렇지만 세상사 쉬운 게 있을까? 이제 단점을 알아보자.

① 시설 낙후로 재공사가 필요할 수도 있다. 바로 영업이 불가능할 수도 있다.
② 기존 브랜딩이 되어 있지 않거나, 관리 미숙으로 인해 배드 피드백이 많은 경우, 브랜딩 재설계가 필요하며 이는 많은 시간이 소요된다.
③ 위 두 가지 경우 시간은 물론 돈이 생각보다 더 들 수도 있어 위험

요소가 크다.

저렴한 권리금으로 나온 매물이 있다면 생각해 보자. 왜 그 가격으로 나왔을까?

권리금이 저렴하다면 꼭 의심해 보고 철저히 분석해야 한다.

그럼 어디서, 어떻게 분석을 할까?

1) 아프니까 사장이다 네이버카페

국내 최대 자영업커뮤니티 중 하나이다. 게시판 중 점포 매도와 스터디/독서실 게시판을 참고하길 바란다. 나는 지금도 하루에 한 번씩 꼭 들어가서 현재 어떤 관련 이슈가 있는지, 고민들이 있는지 체크한다. 때로는 모르는 것도 질문하고 내가 도와줄 일이 있으면 댓글도 달며 정보를 주고 받는다.

첫 번째 팁은, 해당 카페 내 **알림검색어를 '스터디카페'로 지정해 놓고 이 키워드로 새 글이 올라올 때마다 알림**을 받도록 설정해 놓는 것이다. 요즘 불황기라 그런지 점포 매도 게시판에도 스터디카페 매도글이 하루에 많게는 5개씩 올라올 때도 있는데, 전국 모든 업종 매도글이 올라오기에 타이밍을 못 맞추면 스크롤을 계속 아래로 내리든지 재검색을 해야 하는 번거로움이 발생한다. 이를 막기 위해서 키워드 알림을 지정해 놓고 여유 있을 때 한 번에 확인한다.

그리고 두 번째 팁은 처음 매도글을 보았을 때 바로 제목과 글쓴이 아이디 부분, 매도 금액과 비용적인 부분, 내용 부분을 **캡처**해 놓는 것이다.

간혹 양식에 맞지 않거나 문의가 쇄도할 경우 매도글이 갑자기 지워지는데, 좋은 물건을 직접 보지도 못한다면 얼마나 억울한가!

이를 방지하기 위해서 바로 연락하기 바쁘다면 캡처를 꼭 해 놓고 후에 컨택을 시도해 보길 바란다. 또한 캡처를 해 놓으면 후에 매도인이 가격을 올리더라도 그 변화 추이에 대해 이유라도 물어볼 여지가 생긴다. 이때 잘 설득한다면 유리하게 가격을 조정할 수 있으니 모든 내용은 시간대로 저장을 해 놓으면 좋다.

2) 점포라인 등 매물 사이트

요즘에는 부동산도 온라인 매매가 성행하듯이 상가 매매만 전문으로 하는 사이트들이 많이 생겨났다. 수수료가 생각보다는 저렴하지 않아 매도인, 매수인 둘 다 꺼리는 편이지만, UI가 네이버카페보다 좋아 한 번에 정리하기에 용이하여 자주 사용했다. 그리고 이 사이트를 통해 난 계약을 하게 되었다.

이런 매물 중개 플랫폼은 한 회사 내에서도 계약 건수별로 컨설턴트들의 월급이 달라지기에 내부 경쟁이 치열한 구조이다. 그렇기에 오픈된 온라인 공간 외에 본인만 갖고 있는 물건들도 있다. 내가 계약한 물건도 그 중 하나였는데 생각해 보면 매도인에게는 억울한 것일 수도 있다. 물론 어떤 계약체계로 인터넷에 올리지 않았는지 묻지 않았지만 폐쇄적인 방법으로 매도하려 하면 불리한 건 결국 매도인이기에 이왕 플랫폼을 이용할 거라면 충분히 오픈된 공간에 매물을 올리고 광고를 촉진하여 보다 더 빠르게 매도를 하기를 하길 바란다.

난 이 두 사이트를 이용하고

직접 매장을 방문하며 6개월간 100여 군데를 가 보았다.

흡사 부동산 임장과 비슷한데, 앞서 말했듯 오프라인 창업은 시간싸움이다. 창업 후 수익률이 좋아도 감가상각되는 시설업종인데 **좋은 물건은 나왔을 때 48시간 내에 직접 가 본다**는 생각으로 인수창업을 준비해야 한다.

앞에서 말했듯 내가 인수를 한 매장은 인터넷에 올라오지 않던 매물이었다. 다른 마음에 드는 매물의 권리금을 조금이라도 더 깎아 보고자 컨설턴트에게 전화를 걸었는데 그 전화 한 통이 인생을 바꾸어 놨다. 전화를 걸고 정확히 2개월 후 난 집에서 10분 거리에 있는 지금의 스터디카페를 최종인수했다.

결코 쉽지 않은 2달이었다. 이때 전화를 한 시간만 해도 내가 평생 통화한 시간보다 많을 것이다. 대학원 종합시험 날에도 통화를 2시간이나 하고 시험에 임했으니 그때 스트레스는 상상 초월이었다.

그리고 이 챕터는 해당 중개회사를 광고하는 내용이 결코 아니다. 워낙 대규모이고 실시간 올라오는 매물 건이 다른 곳보다 많은 점, UI가 사용자 친화적이란 사실에 입각하여 내용을 기술한 것이다.

그에 비해 계약을 빨리 하려 재촉하거나 정말 크리티컬한 내용은 물어보지 않으면 말을 안 해 준다거나 수수료가 비싸다는 점, 계약만을 위한 중개플랫폼이다 보니 계약이 진행될수록 소홀감을 느꼈다는 점도 개인적으로 공유한다.

하지만 그 전화가 아니었으면 난 결코 이 매물을 보지 못했을 것이고 첫 창업에 집에서 10분, 그때 가격으로 권리금이 합리적이었다는 점에서 난 만족한다.

3) 인근 부동산

사실 이 항목은 후순위이다. 우선 두 사이트를 통해 최대한 알아보고 후에 부동산에 가서 실제 임대료와 입지, 임대인에 대한 정보를 파악해야 한다.

물론 부동산에도 스터디카페 매물을 내놓는 경우도 많지만 아직까지 이 업종 매물은 인터넷에 더 많은 정보가 포진되어 있다. 그렇지만 **권리계약과 임대계약 두 장의 계약서를 동시에 해야 하는 인수창업인 만큼 인근 부동산에 직접 방문**하여 앞서 말한 사항들을 꼭 확인해 볼 필요가 있다.

여기까지 읽으면 분명 혹자는
'전화 한 통으로 2개월 만에 인수창업한 건 운 아니야?'
혹은 '그냥 편하게 컨설턴트한테 맡기면 되는 거 아닌가?'란
의문을 가질 수 있다.
충분히 이해한다. 나도 그랬으니까.

그런 독자들을 위해 쓴다. 내가 정말 컨설턴트의 강력추천, 집과의 거리만으로 바로 결정을 했을까? 다시 말하지만 **난 6개월간 100여 군데의 점포들을 보았고** 그 이전에 약 6년간 스터디카페를 찾아다니며 공부를 했던 **소비자**였다.

그럼, 인수창업 시에는 어떤 점들을 유의 깊게 보아야 할까?

4. 인수창업 시 중요한 것들

1) 점포 매입 기준

내가 어떤 기준으로, 컨설턴트와 첫 전화통화 후 바로 스터디카페를 방문하고 1시간 후 매입결정을 했는지 살펴보도록 하겠다.

(1) 뭐니뭐니 해도 입지

식상한가? 그래도 오프라인 사업에서 가장 중요한 요소는 입지이다. 내가 인수한 곳은 역에서 불과 30초 거리에 있는 초초초 역세권이었다. 물론 선에 발했듯이 타깃층에 따라 스터디카페를 꼭 역 근처에 인수할 필요는 없다. 오히려 역에서 멀리 떨어진 대단지 아파트 근처의 이용인구가 더 많을 수 있다.

하지만 내가 역세권을 선택한 이유는 이 주변이 20~30대 자취인구가 1위인 곳이기 때문이다. 20대 초반의 성인들이 근처에서 대학을 다니고 있었고, 직장인들 그리고 성인 수험생들이 즐비한 곳이었다. 스터디카페를 이용하는 대부분의 고객들, 그리고 우리가 목표로 하는 타깃층은 장기 이용고객이다. 그들은 하루 이틀 이용하지 않기에 대부분 수험서 등 무거운 책들이 많은데 멀리 있는 곳은 잘 이용하지 않는다. 그럼에도 교통수단은 중요하다. 내 집 앞에 있거나, 내 마음에 드는 가게를 찾기란 어렵기에 교통수단이 잘되어 있는 곳이면 좋다.

검색을 할 때, 키워드를 버스정류장보다 **지하철역**으로 하는 것을 추천한다.

네이버 지도 중 버스정류장 검색화면

대부분의 서울 버스는 역 주변을 중심으로 포진되어 있기 때문에 역 근처라면 지하철과 버스 그리고 간판의 외부노출까지도 기대할 수 있다. 아파트와 주거단지 근처에서 창업이 힘들다면 역 주변도 분명 좋은 수익을 거둘 수 있는 선택지가 될 것이다.

(2) 설립년도에 비해 적정한 권리금

인수한 스터디카페는 2020년 8월에 오픈한 곳이었다. 내가 알아봤을 때가 2021년 9월이었으니 당시 1년 된 곳이었다. 스터디카페 매도는 거의

1년에서 2년 안에 많이 이루어진다. 매도를 결정했다면 시설업의 특성상 비싼 가격에 후임자에게 넘기고 싶기 때문이다.

그런데 여기서 문제는, 바로 **투자금 회수시간**이다. 당연히 2년도 되지 않은 시설을 매도할 때는 투자금만큼 받고 싶겠지만, 코로나로 인한 영업 제한이 강화되던 시절이었기에 그리 높은 값을 매길 수 없었다.

그렇기에 이 글을 읽는 독자 여러분이 창업을 결정한다면 매도 시점(혹은 폐업 기준)을 설정해 보는 것도 좋은 방법이다. 그러면 무리한 투자를 방지할 수 있기 때문이다.

50평의 인테리어 및 공사를 진행하면 정말 최소한으로 1억이 들며 거의 2억 초중반으로 많이 오픈한다. 이런 투자금을 회수하기 위해서는 현 시점에서 거의 3년 이상이 소요되는데, 이때 판매를 한다면 감가상각이 많이 된다. 만약 본인이 자신이 없고 금방 매도할지도 모른다면 보다 적게, 아니면 인수창업으로 투자금을 줄이시길 바란다. 한번 투자된 금액은 시간 혹은 노력을 더해야 회수되기 때문이다. 당시 난 가진 돈이 많지 않았다. 투자금까지는 못하더라도 그 당시엔 코로나 특수를 맞은 매장들도 있었기에 투자금의 7~80프로의 권리금을 부르는 분들도 많았다. 난 집과의 거리나 입지는 적정하나 내가 가진 돈이 얼마라고 솔직하게 컨설턴트에게 말을 했다. 그리고 며칠 후 권리금 조정이 되었다는 연락을 받았다.

(3) 시디즈 의자

집과의 거리와 입지 그리고 권리금이 맞으면 인수하기에 괜찮은 걸까?

사실 난 이외에 다른 것도 보았다. 바로 시디즈 의자였다. 사실 이 주변에 프랜차이즈 카페가 별로 없고 있어도 먼 거리였기에 의자에 투자를 하는 곳이 많이 없었다. 대부분 커브의자나 방석 등을 비치해 놓고 그 미비함을 보충하려 했다.

그런데 여기는 달랐다. 전 좌석이 시디즈였으며, 마감도 훌륭했다. 또한 평상형의 책상 넓이는 근방 스터디카페 책상 중 가장 넓었다. 스터디카페는 공부를 하는 곳이고 최소 1회 6시간 이상 이용해야 수익이 난다고 말했다. 6시간 이상 공부를 하기에 맞는 최적의 조건은 바로 의자와 책상이다.

아무리 인테리어가 이쁘고 커피가 맛있다고 해도 의자가 불편하거나 책상이 좁다면 당연히 가지 않을 것이다. 간다고 해도 오래 버티지 못한다.

나는 여기까지 고려하여 드디어 인수를 결정했다.

2) 피할 수 없는 단점들

심사숙고하여 결정을 내렸지만 입안의 돌기처럼 맘에 들지 않는 것들이 있었다.

(1) 아쉬운 평수

이 스터디카페는 50평 이상이 아닌 30평대였다. 그것도 스터디룸 때문에 복도 통로가 좁았다.

과연 이 좌석으로 월세 수익이나 거둘 수 있을까? 한 명도 간신히 지나가는 이 복도를 사람들이 좋아할까? 많은 생각들이 겹쳤다. 그래서 집에 돌아온 후 다시 찾아보았다. 지방은 거의 50평 아니, 70평이 대다수였지만, 서울은 임대료가 워낙 비싸서 대학가 근처엔 30평 매물들도 많이 있었다.

직접 소형 평수 스터디카페들을 가 보기로 했다. 찾아가 보니 생각보다 공부하는 인원들이 많았다. 그리고 그리 붐비지도 않았다. 대부분 집 근처를 선호했기에 환경이 받쳐 준다면 멀리 나가지 않는 것 같았다.

또한 소형 평수의 스터디카페들은 더욱 깨끗이 관리되는 느낌이었다. 쓰레기도 작은 곳에서 더 크게 보이는 법일까? 성업하는 적은 평수의 스터디카페들이 더 깨끗한 것 같았고, 리뷰 역시 청결 부분에서 많은 점수를 주고 있었다.

그래, 최선이 아니면 차선이다! 불평만 하기 전에 장점을 찾자! 내가 가진 비용에서 최적을 찾고 개선해 나가면 된다. 청소를 더 깨끗이 하고, 부족한 인테리어를 채워 보자고 다짐했다.

(2) 낡은 외관

사실 결정하는 데 가장 큰 걸림돌이었다. 역세권임에도 불구하고 건물 외관은 정말 너무 낙후되어 있었다. 심지어 검은 때까지 껴 있는 듯한 느낌이었다. 건물 입구도 안쪽에 있어서 사람들 눈에 잘 띄지 않는 것도 문제였다.

우선 건물 입구를 알리는 X배너를 설치하고, 사람들 키에 맞는 방향 표시가 되어 있는 간판을 제작하기로 했다. 그리고 눈에 잘 띄게 세련된 간판을 새로 달기로 했다. (이때를 계기로 난 프랜차이즈에서 개인으로 사업자를 전환하기까지 한다)

(3) 호불호 인테리어

모든 시설업의 인테리어는 유행을 탄다. 스터디카페도 예외는 아니다. 2018년~2020년, 1세대 스터디카페들은 거의 다 어둡고 집중력을 높이기 위한 검정과 회색 톤의 인테리어였다. 예전 독서실 분위기에서 색만 바뀐 것이다.

그러나 2020년 말부터 반대로 바뀌기 시작했다. 진짜 카페처럼 높은 천정과 환하며 밝은 분위기 그리고 흡사 수목원에 온듯한 상쾌한 인테리어가 각광을 받기 시작했다. 그래서 이때 시작한 프랜차이즈들의 주된 인테리어는 하얀색, 그리고 자연이 모토이다.

내가 인수한 스터디카페는 1세대 프랜차이즈였기에 당연히 어두웠고 개별 조명이었기에 집중도는 높았을지 모르나 현시대에는 다소 뒤떨어진 감이 있었다. 시설업을 창업하시는 분이라면 이런 시대의 흐름을 잘 읽어낼 줄 알아야 한다. 아무리 개인화된 사회라고 하지만 물밀듯이 밀려오는 유행의 힘을 무시해서는 안 된다.

인기는 소수가 만드는 것이 아니라 대다수가 원할 때 탄생한다는 점을 기억하길 바란다. 물론 15평 미만의 개인카페나 공간이라면 다르다. 타깃층을 세분화하여 공략하는 것이라면 적극 추천하지만, 무인의 힘을 빌리고 싶고 그 시간에 다른 일에 열중하고 싶어서 스터디카페를 결정하신 거라면 대세를 따라야 한다는 점을 꼭 알려 주고 싶다.

(4) 낮은 수익률

권리금도 대폭(?) 낮추었기에 뭐라 할 말은 없지만, 수익률이 낮았다. 그래도 낼 거 다 내고 최소한의 월급이라도 받아 가는 게 어디냐 싶겠지만…. 그래도 걱정이었다.

수익이 낮을 때 생각해 봐야 하는 2가지가 있다.

① 왜 수익이 낮을까?(이유 분석)
② 똑같은 사업은 언젠가는 망한다. (대안점 찾기)

이건 모든 사업에 적용된다. 수익률이 낮으면 그대로 만속하지 말고 꼭 이유를 찾아야 한다. 가만히 있다간 언젠가는 도태되면서 그 수익률마저 없어질 가능성이 농후하기 때문이다. 똑같은 수익을 가져가려면 부지런히 움직여야 한다. 만약 더 높은 수익을 가져가야 한다면 경쟁사에서 고객을 뺏어 올 각오로 덤벼야 한다.

난 우선 왜 이곳의 수익이 낮은지를 파악해야 했다. 전 사업주와 많은 이야기를 나누었고 이유를 물어봤다. 그도 이유는 잘 모른다고 했다. 처음에는 본인 공부를 하기 위해 그리고 무인이란 키워드에 혹해 창업을 했지만 신경 쓰는 시간에 비해 매출이 오르지 않았고 개인적인 사정으로 팔기로 결정했다고 했다. 그래서 나는 나름대로 낮은 수익의 원인을 분석해 보았다.

첫 번째, 많은 시간을 투자했는데도 매출이 오르지 않았다.

이걸로 뭘 알 수 있을까? 운영 부분에서는 문제가 없단 거였다. 대부분의 시간을 스터디카페에서 공부를 했던 전임자의 운영으로 단골고객도 생겼고 친밀도에 따라 무료 사물함 지급 빈도도 높아서 충성도는 꽤 있는 상태였다.

두 번째, 그림 비품과 화장실 문제일 가능성이 높다.

스터디카페는 여성 고객을 더 우선적으로 타깃팅해야 한다. 이용하는 여성 고객이 높을수록 청결도와 쾌적도가 월등히 높다. 여성들은 다른 것보다 화장실과 비품에 민감하다. 직접 본 결과 이런 점에서 부족함이 많았고, 저매출로 이어졌다는 것을 확신했다.

세 번째, 책상 배치도.

스터디카페는 대부분 큐브형과 평상형으로 이루어져 있는데 여기 스터디카페는 좌석의 70프로가 앞, 옆이 뚫려 있는 도서관 좌석(평상형) 형태였다.

미네르바 스터디카페의 책상 배치

요즘 MZ세대들은 자기만의 사적 공간과 넓은 개방감을 동시에 원한다. 물론 그런 개방감만을 원하는 고객들도 있지만 공공 도서관을 놔두고 굳이 스터디카페에 돈을 지불하고 오는 이유는 무엇일까?

무인 사업의 핵심은 **대다수의 만족도**에 달려 있다. 여기에 더해 그 만족 요소가 항상 고정된 것이 아니라는 점만 기억한다면 당신은 무인 사업에 성공할 가능성이 높다.

분석 결과, 크리티컬한 이슈는 크게 없었기에 인수 후 수정해 나가기로 하고 계약 절차를 진행했다.

계약과 그 이후
재창조

1. 계약 시 유의사항

회사를 나오고 나에게 맞는 것 혹은 하고 싶은 것은 무인 사업이라는 것을 깨달았다. 무인 사업 중 스터디카페로 결정을 했고 6개월간 100여 군데 임장을 다니며 현재 스터디카페의 현재 흐름을 읽을 수 있게 되었다.

창업의 세 가지 방법 중 나의 예산과 입지에 맞는 인수창업을 결정하고 여러 루트를 알아보던 중, 한 컨설턴트를 통해 집에서 가까운 곳을 최종 선택하기로 했다. 이제 중개업체를 낀 계약을 진행해야 한다.

계약 진행은 총 1개월 정도가 걸렸으며 절차는 대략 아래와 같다.

첫 번째, 매수자 → 컨설턴트에게 인수와 희망 권리금 노티스.

두 번째, 컨설턴트 → 매도자에게 권리금과 기타(날짜 등) 협의.

세 번째, 컨설턴트를 통한 3자간 합의.(매수·매도자 연락처 공유 금지)

네 번째, 계약서 작성과 1차 계약금 거래. 이때 중개업체, 부동산 담당자, 컨설턴트, 매수자, 매도자가 만나게 된다.

보통 임대인과의 만남은 힘들다. 워낙 양도·양수가 중간에 깨지는 경우가 많기에 대부분의 매도자들은 현재 영업 중인 사업장의 양도가 확실해질 때까진 매도를 알리고 싶어 하지 않는다.

그러나 계약서 작성 혹은 1차 계약금 납부 전에 임대인과 꼭 만나 보기를 권한다. 왜냐하면 중간에 갑자기 보증금이나 월세 혹은 공동관리비 부분이 변동될 수 있기 때문이다. 믿기지 않겠지만, 실제로 나 또한 이런 경험이 있었고 중간에 파투를 내기도 했다.

엄밀히 말해 매도자는 계약이 끝나면 앞으로 안 볼 사이이다. 계약서에 도장을 찍고 돈을 완납하는 순간 남남인 셈이지만 임대인은 내가 계약이 종료되기 전까지 계속 마주쳐야 하는 사람이다.

따라서 사전에 보증금과 월세 관리비 등에서 차이가 없는지, 건물 관리 부분들도 미리 합의를 하면 좋다. 스터디카페는 보통 한 사람이 6시간 이상 머물고 하루에 50~100여 명이 출입한다. 꼭 지나치는 건물 입구와 계단 그리고 화장실 청결 등에서 서로 문제가 생길 수 있다. 관리비를 납부해야 한다면 어디를 어떻게 관리하는지, 정확히 언제 하시지 알아 봐야 한다. 그리고 대부분 공용화장실은 청소만 제공하기에 화장지나 물비누 등은 없다. 이 부분도 재확인을 꼭 해 놓길 바란다.

또한 아래 위층 상가 등에 대한 정보를 꼭 물어봐야 한다. 직접 답사도 물론 해야 하지만, 계약 진행 시 한 번 더 확인하기를 바란다. 어떤 업종이냐에 따라, 또 영업시간에 따라 스터디카페에 악영향을 줄 수가 있다.

마지막으로 SNS 계정 혹은 어떤 마케팅을 하고 있는지 파악하고 계정 양도도 같이 진행하라. 요즘엔 온라인 매장뿐 아니라 오프라인 매장들도 여러 개의 SNS 계정을 만들고 활발히 활동한다. 그만큼 인터넷 검색의 힘이 크다는 반증이다. 인수 후 새롭게 계정을 만들어 운영하는 것도 좋지만, 기존 계정을 받을 경우 팔로워나 인지도를 그대로 가져올 수 있기에 운영하는 데 용이할 것이다.

계약의 다섯 번째 단계는 2차 계약금 전달 단계이다. 보통 2차는 중간에 유선으로 협의를 하고 보낸다.

여섯 번째, 3차 최종 계약금 전달 단계이다. 그러나 유선상으로 협의하는 2차와 달리 3차는 매장에서 직접 만나 협의한다. 이 만남을 끝으로 모든 계약은 종결되기 때문에 그전에 모든 잔금을 처리해야 한다.

① 월임대료, 수도세, 관리비, 전기세, 인터넷 등 월 약정료
② 남은 회원권(환불 가능성도 배제하면 안 된다)
③ 기타 물품들 감가상각

이 중에서 남은 회원권(즉 금액은 납부했지만 아직 사용기간이 남은 이용권) 등은 대부분 매도자가 감안하여 계산하는데, 난 얼마 되지 않을 거라 생각하고 다 가져가시라고 말했다. 큰 실수였다. 계산해 보니 금액만 300만 원가량이었고 대부분 4개월가량 기간이 남아 있었다. 난 그들에게 돈도 못 받고 서비스를 제공해야 하는 것이었다. 생각보다 적은 회원 수였기에 이 정도지, 50평 이상에 더 오래된 곳을 인수하는 것이라면, 미리 회원결제 파일을 받아 꼼꼼히 확인 후 협상을 하길 바란다.

일곱 번째, 수수료 입금 및 영수증 처리 및 이전 절차이다. 이제 부동산과 중개수수료 입금 확인증과 영수증을 잘 보관해 놓아야 한다.

이때 세금계산서 발행 금지 여부를 반드시 확인해야 한다. 난 처음이어서 계약서에 있는 세금계산서 발행 금지 사항 항목을 무시했는데, 몇천만 원에서 몇억 하는 권리금을 납부하는데 계산서 발행을 못 받으면 얼마나 억울한가!

이제 혼자 나아가야 하는 사업자이다. 돈을 쓸 땐 꼭 영수증 항목을 잘 확인하고 보관해 놓아야 후에 후회를 하지 않게 되니, 첫 계약부터 꼼꼼히 챙기시길 바란다.

2. 이제 진짜 내 꺼, 그대로 유지만 하면 된다? 노(No)!

1) 독립형 책상을 만들자

기존의 책상(평상형)은 아래 사진과 같이 앞뒤로 칸막이가 없는 개방형 형태였다. 현재 대학교에서 가장 많이 볼 수 있는 책상 형태이다. 넓은 개방감과 책상 너비라는 장점이 있지만, 옆 사람, 앞사람과의 접촉과 내 학습 환경을 노출시켜야 하는 단점들이 존재한다.

기존 평상형 책상

항상 고민해 봐야 한다.

소비자들이 왜 우리 시설(제품)을 이용해야 하는지, 공공도서관이 있는데도 굳이 돈을 내 가며 우리 시설을 오는 이유를 정확히 파악하고 충성고객으로 만드는 전략을 생각해야 한다.

넓은 공간을 살리되 불필요한 시선에 대한 압박을 줄이기 위한 대책이 필요했다.

2) 우선 시선을 막자

나는 즉시 칸막이 업체를 찾았다. 다행히 이때 코로나 대유행 시기여서 공공시설은 물론 사기업에서도 칸막이를 설치하기에 바빴고 여러 제품들을 만날 수 있었다.

사실 인수했을 당시에도 구청의 지시에 따라 칸막이가 설치되어 있었지만 비닐로 되어 있는 것이었다. 당시 칸막이가 늘어져 있었고 먼지도 붙어 있어 미관상에도 좋지 않았다. 그리고 투명이라 비말만 차단될 뿐 앞, 옆 사람의 시선은 피할 수 없었다.

더 단단하며 고급스럽고 시선을 가릴 수 있는 가림막을 찾아야 했다. 처음엔 100프로 불투명 가림막을 이용하려 했으나, 전체적인 인테리어 색에 반하는 것 같아, **반투명 아크릴 칸막이를 주문 제작하여 직접 새벽에 설치했다.**

다행히 9시에 영업을 종료해야 했기에 새벽까지 충분히 시간이 있었다. 긴박하고 중요도가 높은 시공이면 모를까, 이미 아크릴 칸막이를 주문 제작하느라 예산이 모자랐기 때문에 직접 시공하기로 했다. 생각보다 수월했다. 치수만 정확하다면 그렇게 어렵지 않으니 **이 글을 읽는 예비창업자가 있다면 시공에 대한 걱정은 너무 크게 가지지 말고 먼저 부딪혀 보라**고 조언해 주고 싶다.

3) 개방감은 살리자

처음에는 책상 위뿐 아니라 의자와 의자 사이에도 가림막을 설치해서 간이 큐브석을 만들려고 했다. 하지만 실행하지 않았다. 이유는 너무 답답해 보여서였다.

이미 책상 하나당 너비를 많이 두었기에 책상과의 간격이 좁은 상태인데, 그 사이에 책상과 의자 사이마다 칸막이를 설치한다면 개방감을 해칠 것 같았다. 더불어 전체적인 인테리어에도 좋지 않을 것 같았다.

스터디카페에서 가장 중요한 것은 책상과 의자라고 했다. 하지만 6시간 이상을 한자리에 앉아서 공부만 한다는 것은 정말 어려운 일이다. 화장실도 가고 물도 마시고 피로해진 눈을 다른 곳으로 돌려 피로도를 막아야 한다. 그렇기에 스터디카페의 전체적인 개방감도 절대 무시하면 안 되는 요소이다.

대학교 도서관의 투명 아크릴 칸막이.
바로 앞사람은 물론 그 뒷사람까지 보여 완전 개방형과 다름없다

주문 제작한 불투명 아크릴 칸막이.
가로 길이를 좀 더 길게 제작하여 등과 의자의 거리에 따라 바뀌는 시선도 막아
심리적인 안정감을 줄 수 있도록 했다

4) 노트북존의 탄생

내가 인수하기 전, 이 스터디카페는 전 석 타이핑이 금지되어 있었다. 회사에서 교육기획을 했고 대학원을 다니는 나에게는 청천벽력 같은 소리였다.

앞서도 말했듯이 이 근방은 1인 자취생들이 가장 많이 거주하는 자치구로 뽑혔으며, 20~30대의 공부하는 성인 및 대학생, 재택근무자가 많은 지역이었다. 그런데 타이핑 금지라니….

상권분석을 하면 세부적인 타깃을 설정할 수 있다. 유감이지만 내 전임자는 상권분석을 제대로 하지 않고 이 스터디카페를 운영해 왔다. 그렇기에 많은 고객들을 끌어올 수 없었고, 웃프게도(웃기지만 슬프게도) 근방에선 조용한 스터디카페라고 소문이 나서 소수의 로열티 높은 고객만 있었다.

난 노트북존을 만들기로 했다. 가벽 설치도 알아보았으나 시공비도 만만치 않았고, 공사기간은 거의 2주를 잡아야 했다. 무엇보다 적은 평수인데 가벽까지 설치하면 정말 나 같아도 들어가고 싶지 않을 좁은 노트북존이 탄생할 것 같아 포기했다.

그래서 다른 방법을 찾아보았다. 대부분의 스터디카페들은 벽을 가운데 두고 노트북존을 따로 분리한다. 타이핑 소리에 예민한 학습러들을 위한 배려였을 것이다. 그러나 경쟁자이자 내가 가장 자주 애용하는 인근의 한 스터디카페는 모든 좌석이 다 타이핑이 가능했다. 한 번도 그곳에서 타이핑 때문에 제재를 받은 기억이 없었다. 그래서 다시 방문해 노트북을 펼쳤다.

염탐이지만 그래도 좋은 건 배워야 한다.
내 영업장이 잘된다 하더라도 새로운 곳이 생기거나
잘된다고 소문이 난 유관 업종은
꼭 방문해서 이용해 보길 바란다.
그래야 서로서로 발전하기 때문이다.

그곳에선 많은 고객들이 대부분 타이핑을 치고 있음에도 큰 소음이 발생하지 않았다. 이유가 뭘까? 여러 요소가 있었겠지만 전 좌석 큐브석이란 것과 백색소음이 가장 큰 이유였다.

인수한 스터디카페의 예전 리뷰들을 참고해 보면 백색소음에 대한 좋은 리뷰들이 많았다. 직접 실험을 해 보았다. 역시 백색소음에 묻혀 그리 크게 들리진 않았다. 다만 어느 정도의 구역 지정은 필요해 보였다.

사람은 시각과 감정의 동물이다.
아무리 이성적이라 할지라도 시각으로 판단한 생각은
웬만하면 바꿀 수 없다.
고객을 대하기 전 가져야 할 마인드

소리가 들리지 않아도 지나가다 옆 사람이 타자를 치는 모습을 보면 지레 소음이 발생하고 있구나, 판단하고 계속 거슬리기 마련이다. 나는 곧장 **구역을 지정해 메시지를 추가 작성**했고, '**키스킨과 무음마우스 사용 시 가능**'이라고 공지해 놓았다. 이럼에도 처음엔 컴플레인이 많았다.

변화엔 고통도 따른다. 사람들은 변화를 싫어한다. 또 새로운 환경에 적응해야 하기 때문이다. 그러나 사람은 또한 적응의 동물이지 않은가. 이내 컴플레인은 줄어들었고, **하나둘씩 노트북 이용자들이 늘어나며 매출이 상승하였다.** 나는 적응을 해 준 고객들에게 감사를 표시하기로 마음을 먹었다.

3. 고객에게 무엇을 돌려줄 수 있을까?(본격적인 업그레이드)

주인이 바뀌었고 간판도 바뀌었다. 소비자들은 환호할 것인가?

반반이다. 왜냐하면 사람은 적응의 동물이기 때문이다. 익숙했던 무언가의 변화에 환호하는 집단과 거부하는 집단은 필연적으로 생길 수밖에 없다. 여기서 탈락하는 고객은 잠시 뒤로하자. 우선 탈바꿈을 위한 새로움 키워드에 포커싱을 하고 새 고객을 맞이한다는 생각으로 바꿔 나가야 한다.

1) 빠른 학습 환경 세팅(옷걸이, 가방바구니)

내가 스터디카페를 가려고 할 때 가장 방해요소가 되는 것이 바로 무거운 짐이라고 생각한다. 그리고 두 번째는 도착 후 그짐을 정리하는 것이다. 첫 번째 방해요소를 줄이려면 사물함을 이용하거나 여의치 않다면 가장 가까운 근접거리에서 나에게 맞는 스터디카페를 찾으면 된다.

문제는 두 번째다. 도착만 하면 되지 않느냐는 의문도 있다. 맞는 말이다. 그러나 도착 후 겉옷을 벗고 새롭게 세팅하고 또 짐을 정리하려면 5분~10분이 걸린다. 그게 뭐 큰 대수냐고 반문하는 분도 계시겠지만 당장 본인 책상과 옷걸이에 아무것도 없다 생각하고 공부할 환경을 만들어 보자. 이해가 가는가?

독서실에는 고정석도 있지만 스터디카페는 시설업이기에 좌석 회전율

이 중요하다. 그렇기에 대다수의 스터디카페에선 고정석 요금제를 사용하지 않는다.

몇 분이라도 학습 환경 세팅에 도움을 준다면 고객이 집에서 나와 공부를 시작하는 데 있어 물리적 심적 부담감을 줄일 수 있을 것이다. 그래서 내가 고안해 낸 방법은 **첫 번째, 좌석마다 부착된 옷걸이**였다.

책상 옆 옷걸이 부착

10kg도 거뜬히 견딜 수 있는 스티커를 부착하고 코트의 깃도 오랫동안 살릴 수 있는 고급 옷걸이를 걸어 놓았다.

요즘 거의 모든 스터디카페에는 공동 옷걸이가 있지만 개별석에는 없다. 나는 이 점이 불편했다. 겨울에는 부피가 큰 패딩들이 걸려 있으면 옷걸이가 남아도 걸 수 없어 하는 수 없이 의자 등받이에 걸어 놔야 했다. 길이가 긴 외투들은 당연히 바닥에 닿는데, 이때 찝찝함은 학습 환경에 큰 악영향을 줄 수 있다.

그래서 난 독립된 큐브석에 몬스터걸이와 고급 옷걸이를 부착해 놓았다. 이렇게 하니 공동 옷걸이에 항상 여유가 생겨 누구든지 옷을 걸 수 있게 되었다.

그런데 또 한 가지 문제가 생겼다. 평상형 책상의 너비는 큐브석보다 1.5배 크지만 사이에 여유가 없어 걸이를 부착할 수 없었다.

최선이 안 된다면
차선책이라도 하자!

가방걸이 부착

난 복도 쪽 좌석에는 똑같이 몬스터걸이를 부착했고 안쪽 좌석은 가방 바구니를 이용하게 했다. 결과는 대성공! 이처럼 자그마한 물건이라도 누군가에겐 큰 도움이 될 수 있다.

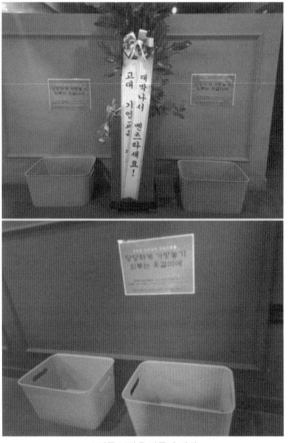

소지품 보관용 바구니 비치

2) 허리가 아픈 MZ세대, 모든 건 허리 위로!
그리고 얼. 죽. 아.(제빙기)

기존 제빙기

인수 받기 전 기존 제빙기 모습이다. 얼음을 꺼내려면 무거운 뚜껑을 열고 허리를 반쯤 숙여서 스쿱을 찾아 얼음을 퍼야 한다.

공업용 제빙기는 순간 얼음 생산량은 많지만, 제빙기 특성상 일정량 얼음을 소비하지 않으면 물이 잘 생기기 때문에 겨우 43석밖에 되지 않는 스터디카페에는 적합하지 않았다.

MZ세대는 빠르고 편리한 것을 원한다.
서비스를 제공하는 서버들을 위한 제빙기가 아닌,
편하게 소량의 얼음을 상시 얻을 수 있게 하는
소형 제빙기가 필요했다.
MZ세대 파악이 필요하다.

나는 빠르게 당근과 중고나라에 제품을 올렸고, 대신 **상시 얼음이 수급되며 현재 인테리어와 잘 맞는 제빙기를 구매**하였다.

새로 바꾼 제빙기

소비자가 되어라.

그리고 직접 이용해 보라.

불편한 점을 편리한 점으로 바꿔라.

항상 생각해야 하는 점

주변 상가들을 보면 생각보다 이 세 가지를 하지 않는 사장님들이 많은 걸 알 수 있다. 위 세 가지는 생각보다 돈이 많이 들지 않는다.

<u>조금만 신경을 쓰면 충성고객을 얻을 수 있다.</u>

3) 1겹에서 2겹 휴지로 업그레이드

휴지, 정말 중요한 휴지!

휴지는 스터디카페 운영에서 정말 중요하다. 아마 독서대 다음으로 가장 많이 소비되는 물품일 것이다. 기존의 롤휴지는 1겹이었다. 생소한가? 나도 인수를 하기 전까진 롤휴지에 겹 차이가 있는지 몰랐다. 일반적으로 가정에서 쓰는 휴지는 3겹의 고급 휴지이다.

쿠팡 기준으로 1겹과 2겹의 비용 차이는 아래와 같다.

10m당 50원 차이

300m 기준: 1,500원 × 16롤 = 24,000원

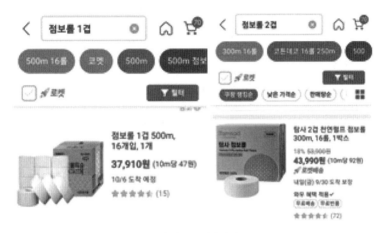

쿠팡 점보롤 가격화면

한 달에 24,000원의 차이가 커 보일지는 모르나, 휴지는 위생요인이다.

위생요인이란, 허즈버그(F. Herzberg)의 2요인이론에서 제시된 개념으로 만족, 불만족을 지각하는 원인 중 하나이다. 허즈버그에 따르면 위생요인을 충족한다고 해서 적극적인 동기부여가 되지는 않으나, 만약 이 요인이 충족되지 않는다면 구성원들은 불만족을 지각하고 조직에 부정적 태도와 행동을 보일 것이다.

요약하자면, 위생요인은 미니멀 기준치로서 컴플레인을 유발하는 요인이며, 무조건 기준 이상을 충족시켜야 하는 기본요소이다. 휴지와 더불어 새지 않는 종이컵도 스터디카페의 위생요인에 속할 수 있다.

따라서 **이 두 물품은 꼭 중·고급 재질로 사용하길** 바란다. 난 이 제품들에 비용을 더 지출했지만 전 사장님의 우려와 달리, **평균 월매출 2배 향상이라는 고객의 선물을 받았다.**

4) 커피는 언제나 맛나게

요즘엔 빽다방, 메가커피, 컴포즈 등 2,000원 미만의 저가 커피가 곳곳에 있어 부담스럽지 않고 쉽게 하루 한 잔을 소비한다. 그럼에도 스터디카페의 매력 중 하나는 바로 공짜 커피일 것이다.

일부 유료 커피 자판기를 설치해 판매를 하는 곳도 있지만 아직까진 스터디카페 내에서 사 먹는 커피란 소비자에게 거리감을 자아낸다. 그리고 유료커피를 추천하지 않는 이유는 도심지라면 근방 50m 내에 직원이 직접 갈아서 주는 저가 커피가 많은데 굳이 스터디카페 내 머신기를 이용하지 않을 거 같고, 로열티를 깨는 요소이니 웬만하면 무료 제공을 하거나 아예 설치를 안 하는 걸 추천한다.

난 무료라 해도 맛난 커피를 제공하고 싶었다. 기존에 사용하던 저가의 베트남 원두에서 내가 직접 집에서 테스팅 후 갈아 마시던 생두로 바꾸었고 인스타그램에도 올렸다.

확실히 반응이 달랐다. 매일 아침 원두를 교체하는 아르바이트생들도 향이 좋다 했고, 기존 고객들에게서도 곧바로 좋은 피드백을 받을 수 있었다.

돈만 투자하면 누구나 다 할 수 있다고 생각하는가? 그렇지 않다. 잘 고르고 잘 알려야 한다.

마지막으로 이 모든 기준은 내 테이스트(taste)였다. **내가 만족한다면 분명 고객들도 알아준다.** 비싼 스타벅스 원두보다 더 맛있는 원두라 자부할 만큼 오랜 시간 공들여 제품을 찾았다. 그렇다고 모든 고객을 만족시킬 수 있는 건 아니다. 타깃 고객층을 분석하고 내 분석에 대한 신뢰가 바탕이 되어야 한다. 그럼 매출 신장은 자연스러운 결과다.

4. 똑똑한 효자 키오스크, 그러나 꼭 기계가 필요한 것일까?

키오스크(Kiosk)란, 신문, 음료 등을 판매하는 매점이란 뜻으로 서양에서는 길거리나 지하철 플랫폼 간이매점으로 시작했다. 그러나 기술이 발전됨에 따라 사람이 아닌 무인판매기로 대체되며 다양한 형태의 키오스크가 발명되었고, 2020년 유행한 코로나로 그 발전 속도는 더 가속화되었다.

키오스크 발전에 박차를 가한 업종이 있으니 바로 스터디카페다. 새벽 2시까지 자리를 지키던 총무 대신 기계가 들어서면서 **고객들은 각자 눈치 보지 않고 자기가 원하는 자리에 원하는 만큼 공부를 할 수 있게 되었다.** 그것도 독서실과 유사하게 집중도는 높으면서 카페 같은 자유로운 분위기에서.

사업주들도 두 팔 벌려 환영했다. 기계 값은 고가이지만 1년 이상 유인으로 운영할 때의 인력비보다 **저렴한 관리비로 24시간 무인운영이 가능**했기에 너도 나도 기계를 구입하기 시작했다.

예전에 사용했던 키오스크

그럼 이 키오스크에는 단점이 없을까? 결론부터 말하자면 난 인수하자마자 재판매를 했고 현재는 어플리케이션으로만 100프로 운영하고 있다.

이유가 무엇일까?

한마디로 제값을 못하는 경우가 많았다.

1) 브랜드별 천차만별 기능과 가격. 그리고 오류

네이버쇼핑에 등록된 스터디카페용 키오스크를 검색하면 등록회사만 20여 개, 회사마다 다른 모델들까지 합치면 거의 100여 개의 키오스크가 거래되고 있다. 기능도 각각 다양한데 크게 출입할 때 지문 인식, 문자바코드 인식, 종이 인식 등이 있고 부가적으로 코로나에 대비한 체온 체크, 사업주들을 위한 전등 on/off 등의 IoT서비스 등이 추가될 수 있다.

가격대는 크기와 기능에 따라 보통 200만 원에서 1,000만 원까지 다양하나 결코 적은 금액은 아니다. 플러스 매달 유지비는 약 3만~10만 원이며 일정 이상의 문자 비용(알림용)도 추가적으로 들어간다. 보통 월 12만 원 정도 나간다고 생각하면 된다.

총무의 역할 중 가장 큰 계산 기능을 담당해 주고 그럼으로써 얻는 자유시간을 생각한다면 충분히 합리적인 가격이라 생각한다. 제값만 해 준다면…. 그러나 난 키오스크와 함께 있는 동안 거의 매일 고객들의 질문과 항의, 오류 등을 경험했다.

2) 오류로 인한 피할 수 없는 유인화

지문 인식 오류

내가 인수받은 키오스크는 그때 당시 **1,000만 원이 넘는 기계**로 우리나라 스터디카페 및 독서실에서 가장 많이 사용되는 키오스크 중 하나인 지문 인식기였다.

식사 및 화장실 등 가벼운 외출 시 간편하게 지문으로 출입을 통제하여 고객에게는 스피디함을, 또 사업주에게는 기간권 및 충전권 남용을 방지하고 빈 좌석 확보에 도움이 되기에 가장 호평 받는 모델 중 하나였다. 다만 날씨가 건조하거나 개인의 지문 상태에 따라 인식률이 상이했는데 3번 이상 오류가 나면 고객들은 짜증을 내며 전화를 걸어 왔다. **밤 11시는 양반이었다. 새벽 2시에 화장실에 갔다 들어가지 못해** 추운 복도에서 떨고 있다는 고객님의 전화에 깨서 바로 열어 드리고 죄송하다 사과한 적도 있었다.

세 번 이상 기다리지 않는다.
불편함을 느낀 고객의 입장

과연 괜찮다는 그 고객은 다시 방문했을까? 내가 보지 못하는 곳에서 악플이나 달지 않으셨길…. 지금 생각해도 너무 죄송스런 마음뿐이다.

기계의 결함만 문제가 아니었다. 2021년 가을 인수받고 얼마 안 되었을 때 커피 주문을 하려고 근처 카페에 들어서자마자 급하게 전화가 왔다. 키오스크가 아예 작동이 안 된다는 것이었다. 당연히 내가 커피를 구매하려고 들어간 카페의 키오스크도 작동되지 않았다. 그날 약 85분 동안 KT 인터넷 장애로 대부분 키오스크를 사용하는 자영업자들은 정산을 하지 못했다.

이렇게 내·외부 할 것 없이 잦은 기계 고장으로 고객들의 컴플레인 증가는 물론 이로 인해 난 현장에 있어야 할 경우가 굉장히 많아졌다.

3) 고객 만족도 하락, 매출 부진

컴플레인은 고객 만족도를 하락시키고 이는 매출의 부진으로 이어진다. 당연한 결과였다. 해당 키오스크 사의 AS도 빠르게 대응하지 못했기에 고객들의 원성은 더 높아졌다.

고객 만족 → 매출 성장?

고객 불만 → 매출 하락은 확실

또 하나의 위생요인

4) 어플리케이션의 장단점

현재 내가 쓰는 것은 키오스크가 아닌 어플리케이션이다.

어플리케이션의 장점

① 24시간 언제 어디서든 누구든 배석 및 결제를 자유롭게 할 수 있다.

어플리케이션 기반이기에 각자의 집에서 자리 배석 체크와 결제까지 가능하다. 또한 각 좌석의 현재 유효시간이 어느 정도인지 파악이 가능해 유연하게 대처할 수 있다.

② 위치 기반 노출로직으로 근거리 스터디카페가 상위 노출되지만,

해당 어플리케이션을 이용하는 타 스터디카페 회원들에게도 내 점포가 노출된다.

이건 단점이 될 수도 있지만, 후행주자인 나에게는 광고가 필요했기에 장점이 되었다. 시간이 흘러서는 내 고객들에게도 타 스터디카페가 노출될 위험이 있지만, 사실 도심지에서는 의미가 없다. 각 스터디카페들이 이미 여러 매체에 경쟁적으로 광고를 하고 있기 때문에 무작정 피하는 게 아닌 조금 더 효율적으로 노출시키는 전략이 필요했다. 그리고 이 전략은 초기 발판책으로 성공적이었다.

③ 기계 오류가 적다.

사실 내가 전환하게 된 가장 큰 이유. 오류에서의 해방이었다. 나도 좋지만 고객들에게도 편의성을 제공해 주고 싶었다.

그러나, **pros and cons.**

언제나 동전에는 양면이 있듯이 단점들도 존재했다.

어플리케이션의 단점

① 핸드폰 미사용자나 익숙지 않은 고객들의 탈락.

공부에 열중하려는 수험생이나 나이 어린 학생들 중에는 핸드폰 소지가 힘든 사람들도 여럿 있었다. 또한 핸드폰을 가지고는 있으나 결제를 힘들어하시는 노인 및 기계 민감도가 덜한 고객들은 불편함을 호소하며 다시 찾지는 않았다.

② 출입통제가 거의 안 된다는 점.

이게 가장 큰 단점이다. 키오스크는 문을 열고 닫을 때마다 인증 절차를 거치기에 인적사항이 확인되고 사용로그가 기록되어 자동퇴실 기능이 있는데 어플리케이션으로는 조절하기 힘들다.

입장할 때는 정문의 비밀번호나 배석을 위해 어플리케이션을 보지만 공부를 마치고 나갈 때는 전혀 신경 쓰지 않는다. 그래서 충전권이 계속 소진이 된다거나 여러 사람이 같이 쓸 수 있는 문제점이 발생할 수도 있다.

들어올 때 다르고 나갈 때 다르다.
인간 본성

현재(2023년 5월) 내가 2년째 쓰고 있는 어플리케이션도 여러 문제에 종종 봉착하곤 한다. 출입에 통제권이 거의 없기에, 미퇴실 고객에게 시간 원복을 해 달라는 요구가 많을 때는 점주로서 스트레스가 이만저만 아니다. 심지어 어플리케이션에서 퇴실 버튼을 눌렀는데 오류가 발생했다는 고객이 발생할 때는 정말 난감하다. 현재 이용하는 업체 측에서는 분석 결과 아무 오류가 없단 통보와 함께 고객의 시간 원복 질문에 그 부분은 점주와 해결하라고 답변했다.

물론 이 말도 맞지만, 오류가 없다면 당연히 원복은 없어야 한다. 무슨 명분으로 원복을 해 줘야 하는 것일까? 해 준다 해도 오류를 인정해 버리는 꼴이 되며 어플리케이션과 매장에 대한 신뢰도는 낮아질 것이다. 이걸 업체 측도 모르는 바가 아닐 것이다.

업체의 답변을 들은 고객은 이제 오류에 대한 불만보단 마지막 '시간 원복은 점주에게 상의하라'란 말에 헛된 소망을 가지게 된다. 결국 원점이 되어 고객에게 설명하고 설득하는 긴 시간을 거치게 된다.

요즘 모바일 어플리케이션 제작 회사들이 많이 생겨나고 있다. 100프로 완벽한 업체는 없고, 재량권을 사용할 수도 있다. 점주들의 고통을 십분 이해하며 본인들의 미비점을 개선하여 소비자, 점주 모두에게 이익이 되는 업체를 선정하도록 해야 한다. 기기나 키오스크, 시스템을 자주 바꾸는 건 비효율적이나 항상 시장을 탐색하며 점주와 소비자에게 얼마나 더 친화적이며, 종국에는 매출을 올려 주는 대체재들을 서칭하길 바란다.

이때를 대비해서 **상권분석이 정말 중요**하다. 난 20~30대 성인들의 비중이 월등히 높은 지역에서 스터디카페를 인수창업했다. 중·고등학생들이 많은 곳이었다면 경제력 및 소셜미디어 사용 곤란으로 이 어플리케이션 시스템을 도입하기 힘들었을 것이다. 실제로 자녀의 실수로 퇴실 버튼을 누르지 못했다며 새벽에 전화로 환불을 강력히 요청하신 학부모도 계셨다.

성인들은 다르다. 한 개의 번호로 계속 소통하며 배석해야 하는 불편함보다는 개인화를 추구하는, 경제적으로 독립한 성인들은 이 시스템에 적합했다. 여러 곳에 퇴실 안내문을 붙이고 시간 원복이나 환불 불가 방침을 고수했더니 이런 컴플레인은 다시는 들어오지 않았다.

앉으나 서나 첫 번째는 상권분석
창업에서 가장 중요한 것

난 현재 키오스크를 쓰지 않지만 상기 이유로 분명 어플리케이션과 맞지 않는 상권도 있다. 둘 다 써 본 나로서는 직관적이며 큰 화면의 키오스크의 장점도 잘 알고 있다.

그러니 이 글을 읽는 독자라면 창업 전에 꼭 상권을 분석하고 타깃층을 확실히 해야 한다. 너무 뻔한 말이지만, **다 잡을 수는 없다**.

5. 스터디카페에 예배 소리라뇨!(소음 문제 발생 시)

계약 시 주의사항으로 인수할 건물 내 상가들도 잘 봐야 한다고 말했다. 왜냐하면 주변 상가로 인해 내 점포의 매출이 달라질 수 있기 때문이다. 예를 들어 학원이 중간층에 입점한다고 치자. 그럼 학생들이 오고 가며 많은 시간을 보낼, 학생들 소비에 맞는 가게들이 저층에 입점해 있으면 서로 원원하는 구조이다. 예를 들어 저가로 요기를 해결할 수 있는 분식집, 저렴한 백반집 그리고 저가 커피 및 무인 아이스크림 등이 그 예이다. 대부분 1층에 입점되고 임대인들도 그러기를 원한다. 요즘엔 인플레이션이 계속되면서 **'저가'를 찾는 소비자층이 전 세대로** 늘어나고 있으니 꼭 스터디카페가 아니더라도 참고할 만한 요소이다.

또 한 가지는 여러 물품을 살 수 있는 편의점과 스타벅스이다. 조금 전까지 저가 유행을 말했으면서 갑자기 고가의 스타벅스냐고 반문하는 독자들도 있을 것이다. 이번에는 서점을 예로 들어 보자. 베스트셀러만 있는 것이 아니다. 스테디셀러도 그 옆에 항시 디스플레이되어 있다. 즉 **꾸준히 인기몰이를 해 주는 품목**들은 판매자들에게 있어 없어서는 안 될 항목이다.

건물도 마찬가지이다. 위에 어떤 업종이 들어오든 **24시간 혹은 특정 시간에 유동인구를 보장해 줄 수 있는 스타벅스 등은 모든 건물주가 원하는 브랜드**이기도 하다.

자, 다시 돌아와서, 이 글을 읽는 독자가 여러 자기평가 및 상권분석을 통해 스터디카페를 창업할 곳을 찾았다고 하자. 그러나 아무리 입지가 좋고 월세가 저렴하다고 해도 또 알아봐야 하는 것이 바로 아래위층에 어떤 업종들이 운영이 되고 있는지, 유동인구가 얼마나 되는지에 대한 것이다. 저 위에 말했던 업종들이 있으면 좋겠지만, 사실 도심지역이라면 상관없다. 이미 50m 안에 커피와 백반집, 편의점 등이 있을 것이다. 다만 후에 들어올 경쟁업체가 생긴다면 이 1m 차이로도, 고객을 뺏길 수 있기에 **주위 입지조건은 미리 철저히 파악**해 놓는 것을 추천한다.

내 스터디카페는 2층으로 1층엔 가구점과 이동통신업체가 있었다. 그리고 바로 옆 건물에는 피자집과 식당이 있었고 30m 안에 빽다방과 좀 멀지만 편의점도 있었기에 괜찮은 입지였다. 출구와 출구 사이에 위치한 초역세권이라는 점이 가장 마음에 들었다. 다만 한 가지, 위층의 정체불명의 교회가 미심쩍었지만 무시하고 넘어갔다.

분명 계약금이 오가는 한 달 동안 나에게 전 임차인이 "교회이지만 소규모이고 가족끼리 운영해서 큰 소리는 나지 않았다"라고 말했다. 그래서 난 '별 일 없겠지' 하며 지나갔다. 아주 큰 실수였다.

인수 후 2달은 '**프랜차이즈 계약 해지 → 간판 디자인과 설치 → 키오스크 판매 및 어플리케이션 업체 계약 → 그 밖의 미비했던 비품 및 칸막이 설치**' 등으로 정말 바쁜 나날을 보내고 있었다. 더불어 이런 변화 속에서 고객들의 컴플레인과 추가 설명 등은 매일 이루어지는 일과였다.

그런데 12월 초쯤부터 계속 동일한 컴플레인이 들어오기 시작했다. 바로 위층의 예배 소리가 너무 크다는 것. 처음에는 '한두 번이겠지…' 했는데 그 내용과 강도가 너무 심해서 난 차츰 심각성을 느끼고 대응을 하기 시작했다.

1) 건물주에게 컴플레인 내용을 캡처해서 조용히 해 주실 것을 요청

그러나 전달하겠다는 답변뿐이었지, 소음 빈도는 더 늘어나기 시작했다. 계속 컴플레인 내용 등을 캡처를 해 놓기 시작했다. 실제로 스터디카페에 가서 들어 보니 목소리 크기가 너무 컸고 고함을 지르기도 했다. 몇 번 직접 만날 것을 요청 드리고 찾아갔으나 예배시간인데도 문을 열어 주지 않았다. 나는 즉각 경찰에 신고를 했다. 이상하게도 경찰이 문을 두드려도 나오지 않았다. 소리는 커지는데 말이다.

2) 기존의 내용들을 토대로 증거를 출력하여 내용증명 송부

직접 내용증명 양식을 다운받아 보내도 되지만, 요즘엔 여러 기관들에서 폼을 제공해 주고 대신 보내 준다. 나는 '고소하게(gosohage.com)'라는 행정지원 사이트에서 도움을 받아 3번 정도 일정한 간격을 두고 보냈다.

내용증명의 힘!   내용증명 작성하기   로그인

내용증명은?

내용증명이란?

내가 주장하고자 하는 생각과 말을 상대방에게 글로 적어 보내는 것입니다.
내 생각과 말을 글로 적어 보내면 내 주장을 상대방에게 효과적으로 전달할 수 있고
내용증명을 보낸 일시 등이 우체국 소인을 통해 증명 가능하므로,
추후 발생하는 법적 분쟁에서 유리한 위치를 점할 수 있습니다.

내용증명 작성 방법

① 내용증명을 보내는 사람의 성명, 연락처, 주소를 적습니다.
② 내용증명을 받는 사람의 성명, 주소, 연락처를 적습니다.
③ 주장하고자 하는 결론과 이유를 적습니다. 등록된 샘플을 이용하면 쉽고 간단합니다.
④ 주장하고자하는 이유를 육하원칙에 맞추어 적으면 정확한 의미 전달이 가능합니다.
⑤ 첨부자료를 추가하고 완성된 내용증명을 확인합니다.

내용증명 송부 서비스 플랫폼 고소하게(gosohage.co.kr)

3) 각 지자체 요청

층간소음 관련 민원 신청은, 다음의 기관에서 할 수 있다.

① 지자체별 층간소음 상담실

② 국가소음정보시스템 홈페이지(www.noiseinfo.or.kr) → 층간소
음이웃사이센터(1661-2642)에 상담 신청을 할 수 있으나 여기는
주택 관련 소음 상담만 가능하다.

③ **환경분쟁조정위원회(ecc.me.go.kr)**. 증거에 의한 경제적보상이 이
루어지니 그 전에 소음측정기로 데시벨 측정하는 것을 추천한다.

환경분쟁조정법 제4조에 따르면, "제5조에 따른 사무를 관장하기 위하
여 환경부에 중앙환경분쟁조정위원회를 설치하고, 특별시, 광역시, 특별
자치시·도, 특별자치도에 지방환경분쟁조정위원회를 설치"하도록 되어

있다.

'공동주택관리분쟁조정위원회'는 조정만 해 주는 반면, **'환경분쟁조정위 원회'는 중재, 알선, 재정까지 전담한다.(재정: 손해배상금을 정해 주는 것, 납부를 하지 않을 경우 강제집행도 할 수 있는 실효성이 가장 높은 조치)**

중앙환경분쟁조정위원회(https://ecc.me.go.kr)

우선 나는 **관악구 민원게시판에** 글을 올렸고 며칠 지나니 담당 주무관 님께서 직접 소통했다는 답변을 받았다. 다만, 이미 내가 그 상가가 있는 것을 알고 계약을 했기에 더 이상의 강제집행은 힘들다고 말씀하셨다.

4) 변호사 상담

아래위층의 상가에 대해 인지하고 들어왔다는 이유로 법적 책임을 물 을 수 없는 것인가? 사실 난 앞서 말한 사항들을 행하기 전에 직접 변호사 와 소통을 해 보았다.

요즘 30분 상담에 5만 원씩 하는 곳도 많지만 난 무작정 전화를 걸어 상담을 시도했다. 총 8번 정도 짧거나 긴 상담을 했다.

상담 내용을 요약하자면 아래와 같다.

① 전 임차인과 중간대리인 그리고 임대인이 직접 소음에 대해서 알렸는지 여부

: 소음에 대한 직접적인 내용을 들은 바가 없으니 중요사안 미공지로 임대인과의 계약 자체를 파기할 수도 있다. 그리고 전 임차인과 중개업체 대상으로 위자료 청구가 가능하다.

② 소음을 중재하기 위한 어떤 노력을 하였는지 여부

: 내용증명과 카카오톡 캡처 등이 유용하다.

③ 소음 발생으로 인한 피해 여부

: 매출 인하, 정신적 고통 여부가 포함될 수 있다. 위 내용은 소송을 진행한 것이 아니고 현재는 상황이 많이 바뀌었기에 달라질 수 있음을 꼭 참고하길 바란다. 만약 이런 상황이 있으시다면 꼭 변호사와 면밀한 상담을 해 보시길 추천한다.

나는 전문가 및 변호사 상담을 제일 먼저 했고, 그들의 조언대로 ②번부터 움직였다.

법은 사실에 입각한 것이 아니라
사실을 나타내는 증거에 의해 판결이 나기 때문에
미리 상담을 받고 증거를 모으고 싶었다.

스터디카페에서의 소음은 굉장히 중요한 사안이기에 나에겐 매일이 스트레스였다. 계약 파기로 보증금은 돌려받을 수 있다 한들 시설 권리금을 100프로 돌려받을 수는 없었기에 무엇이라도 해야 했다. 그러나 시간이 지나고 최악을 생각하니 마음은 아팠지만, **'이왕 이렇게 된 거 하나하나 차근차근 밟아 보자'란 마음으로 진행했다.**

이 경험으로 철거를 한다 해도 후에 도움이 되겠지 하며 학습과 실습을 동시에 한다는 생각으로 2달을 임했다. 여전히 위 교회의 총책임자나 목사님을 뵙지는 못했다. 당연히 내부도 들어가 보지 못했다. 다만 긴 싸움 끝에 2월부터는 정말 조용해졌다.

건물주와는 약간 사이가 냉랭해졌으나, **무가치해진 점포를 몇천만 원을 주고 폐기할 마당에 임차인으로서 정당한 요구**를 했다 생각했다.

다만, 난 마지막에 건물주께 한 가지를 덧붙여 말했다. **'현재 전보다 이 건물에 출입인구가 늘어나고 있으며, 나뿐만이 아닌 여러 명에게 청소를 맡기고 있는 만큼 주위에서의 인지도가 높아지고 있는 상황이고 이 추세라면 건물의 감정평가 및 가치가 후에 더 높아질 가능성이 있다'**고 알려드렸다.

공동 화장실과 소음 문제만 해결해 주신다면 더욱 깨끗하게 운영하여 건물의 가치를 올려 드리겠다(?)는 **다소 당돌하지만 사실에 입각한 딜(deal)을 건넸다고나 할까.** 사실 이 제안이 먹혔는지는 나도 잘은 모르겠다. 그러나 진심이었다.

건물 내 상가 상태와 출입인원도 감정평가에 들어가는 요소니까. 그리고 그동안 내가 했던 실질적 노력과 그 증거들이 먹혔는지도 모르겠다. 그리고 이 카톡을 마지막으로 난 현재까지 소음에 관련하여 그 어떤 컴플레인도 듣지 못했으며 실제로 조용해진 것에 감사하고 있다.

이 2달을 겪으며 난 또 하나를 배웠다.

① 세상엔 공짜가 없다는 것

② 그리고 먼저 무언가를 내주고 제안하라는 것

이 두 가지만 명심한다면 분명 당신도 최소한 망하지(?)는 않을 것이다.

상가 소음 분쟁 시 내가 진행한 절차를 요약하면 아래와 같다.

① 당사자 간 합의 혹은 건물주에게 요청. 이때부터 모든 내용 증거로 수합

② 내용증명 송달

③ 지자체 상담

④ 환경분쟁조정위원회 문의

⑤ 전문가 혹은 변호사와 상담 후 진행

이제 슬슬 더 넓게
알려 볼까?

- 마케팅에 관하여

1. 발로 뛰자, 오프라인 마케팅

마케팅, 얼마나 지겹게 들었던 단어인가! 진부하게 들리겠지만 우리 소비에 가장 큰 영향을 미치는 요소이다. 조용한 스터디카페에도 꼭 필요하냐고 묻는 독자분들도 계실 것으로 안다. 내 대답은 Yes.

조용하기에, 시설업이기에 꼭 필요한 도구이다. 어쨌든 고객들이 알고 있어야 이용이라도 해 볼 테니 말이다. 스터디카페의 마케팅은 **오프라인과 온라인 크게 두 개로 나눌 수 있다.**

우선은 **오프라인(Offline) 마케팅**부터 알아보자. 스터디카페는 누누이 말했듯 오프라인 사업이다. 수도권은 5분 내, 지방은 15분 내에 직주근접이 가능해야 매출이 오르는 업종이다.

그렇기에 첫 번째로 해야 할 것은 지역 내 단골고객(충성고객)을 모으는 것이다. 출퇴근할 때, 밥을 먹으러 가거나 약속 시 이동할 때 자연스럽게 매장을 노출해야만 한다. 혹자는 말한다. 굳이 그럴 필요성이 있느냐고, 10대 후반~30대 초반의 고객들은 이미 모바일 환경에 익숙해졌고 네이버나 구글 검색엔진으로 미리 검색을 해 보고 가지 않느냐고. 맞는 말이다.

그러나 잘 생각해 보자. 이 부분 또한 소비자에겐 귀찮은 **'노동력'**이다. '낙성대 스터디카페'라고 네이버에 검색을 해 보는것, 겨우 몇 초밖에 안 걸리는 작업이지만 쉬운 일은 아니다. 사람들은 눈에 보이지 않는 머릿속의 과정들을 별일 아니라고 치부하지만 정말 많은 에너지를 소모한다. **직접 키워드를 치는 것과 길을 가다 우연히 광고를 접하는 것 중에 무**

엇이 더 효과가 좋을까? 때에 따라 후자가 훨씬 더 영향력이 클 수 있을 것이다. 아무리 시대가 변했다 하더라도 발로 걸어서, 눈으로 보이게 하는 오프라인 마케팅을 절대 간과해서는 안 된다.

1) 간판

간판은 얼굴이다. 전국 수만 개가 넘는 스터디카페 내부의 차이가 얼마나 날까? 대부분의 시설이 대동소이하다는 것은 소비자도 알고 엄마, 아이도 아는, 모두 다 아는 사실이 되어 버렸다. 그렇다면 어떤 걸 보고 소비자들은 정하게 될까?

바로 간판이다. 휘황찬란한 간판이 뭐 대수냐고? 맞다, 대수다.

간판의 배경색도 중요하다

별거 아니지만 그 별거 아닌 거에 사람들은 혹하고 1차적 호기심을 가지게 된다. 간판이 이쁜데? 멋진데? 간판이 이쁜데 안은 어떨까? 바로 여기서 마케팅은 시작된다. 우선 사람을 오게 만들어야 한다. 온라인에서도 1차적 마케팅은 중요하다. 다만 시설업의 특성상 간판이 주는 첫 이미지를 절대 간과해서는 안 된다.

2018년부터 2020년대 초까지는 크고 정자체의 노란색 간판이 주를 이루었다. 낡은 건물에 위치한 스터디카페 특성상 무조건 눈에 띄게 하는 전략으로 이 색을 많이 사용했다. 그러나 이제 시대가 변했다. 물론 그러는 나도 노란색을 쓰기는 했으나, 검은색 바탕에 잘 보이지 않더라도 세련된 글씨체로 포인트를 주어 시선을 끌게 했다. 한눈에 읽히는 게 아니라, 한 번 더 읽게 하는 것. 바로 이것이 간판의 역할이다.

보조간판.
입구가 안쪽에 있다면 필히, 성인 여성 키에 맞춰
보조간판을 설치해야 한다

2) 입간판

커다란 간판으로 소비자를 유인했으나 입구를 못 찾는다면? 입간판은 단순히 정보만 제공하지 않는다. 때로 입간판은 새로운 고객 타깃층을 만들어 주기도 한다.

메인간판이 '스터디카페의 존재'를 알려 준다면, 입간판은 '새로운 니즈'를 불러일으킨다. 예를 들어서, 인터넷으로 검색해서 오지 않는 이상, 스터디카페를 이용할 의지가 극히 드문 고객이라고 할 수 있다. 이들에게 새로운 필요성을 불러일으키는 것이 바로 이 입간판의 역할이다. 그렇기에 입간판의 내용은 메인간판과는 조금 다르게 들어가야 한다. 스터디카페의 내부사진 및 기능 효능 등 조금 더 자세하게 기술하는 것이 중요하다. 그러나 간단히.

Simple is best.

많은 내용을 전달하지만 한 번에 읽혀야 하고, 구미에 당겨야 한다. 그렇기에 절대 많은 내용을 넣지 말고 딱 3가지 키워드로 시안을 짜길 추천한다. 또한 입간판은 주로 외부에 설치해야 하기 때문에 통풍에 강한 **매쉬배너**를 추천한다. 쓰러진 입간판만큼 보기에 흉한 것도 없다. 안 하느니만 못한 효과가 나올 수 있다.

형태는 철제로 되어 있는 일자형 배너거치대를 추천한다. 양쪽으로 지지대가 있는 것이 보기에는 더 강해 보일지 모르지만, 약한 소재를 쓰는 경우가 대부분이라 철제로 된 일자형 배너거치대가 보기에도 깔끔하고 바람에 강하다.

3) 현수막 및 전단지

예전에 많이 쓰이던 방법이다. 4차선 혹은 8차선 도로를 아우르는 크기의 현수막은 눈에 띄기에는 정말 좋다. 그러나 요즘 현수막 설치는 꽤 까다롭다. 구청에 신고를 해야 하고 일정부분 금액을 내야 한다. 또한 환경에 민감한 세대에겐 전단지도 선호되지 않는다. 주변 환경을 해칠 뿐 아니라, 제대로 부착이 되지 않은 너덜너덜한 광고지를 유심히 볼 사람은 없다.

설사 보더라도 기분이 그리 유쾌하진 않다. **요즘 MZ세대들은 콘텐츠만 보지 않는다.** T. P. O., 즉 시간과 장소, 경우가 조화를 이루는 것을 좋아한다.

한 장의 종이라 여기지 말자.
하나의 작품으로서 고객들에게 선보이는 첫 관문이라 생각하자.

2. 온라인 마케팅
- 퍼포 뭐라고…? 퍼포먼스 마케팅?

퍼포먼스 마케팅(Performance Marketing). 갑자기 무슨 어려운 용어냐고? 나도 처음엔 무슨 말인지 잘 몰라 이해하기 힘들었으나, 우리가 잘 아는 네이버 검색광고 및 인스타그램 및 페이스북 등 SNS 광고를 이해하기 위해서는 이 퍼포먼스 마케팅을 잘 이해하고 넘어가야 한다.

1) 퍼포먼스 마케팅
온라인 광고를 통해 유입이 된 데이터를 수집하고 분석을 하여 마케터가 더 좋은 성과를 위해 마케팅 방향을 개선해 나가는 기법을 말한다. 또한 가시적인 데이터를 분석한 결과값이 수익을 결정하기에 많은 기업에서 사용 중이기도 하다.

① 검색광고: 가장 기본적인 방법으로 네이버, 다음, 구글 사이트에서 특정 키워드로 검색하였을 때 보이는 광고를 뜻한다. 사이트에서 상위권에 노출되기 위해 경쟁이 심하고 그만큼 높은 입찰가를 제시하는 경우가 많다.

② SNS 광고: 인스타그램 및 페이스북 등 플랫폼을 이용하는 광고기법.

③ 리타깃팅 광고: 특정 웹페이지를 방문한 고객에게 다시 한번 클릭했던 제품이나 페이지를 보여 주는 방법이다. 다른 웹사이트에

서 내가 전에 클릭한 상품의 광고가 뜨는 것을 본 적이 꽤 있을 것이다. 이것 또한 데이터를 통한 퍼포먼스 마케팅의 일종이다.

2) 용어

① CPC(Cost per click): 광고비 책정 중 하나로서 소비자의 광고를 클릭한 '횟수'에 비용이 발생하는 방식.

② CTA(Call to action): 광고를 보고 소비자가 원하는 행동을 하게 되면 광고비가 발생하는 방식. (예: 특정 웹사이트 방문, 회원가입, 전화 등) 이 마케팅 기법은 난도와 소비자가 받는 거부감이 높을 수 있으므로 유의해서 사용해야 한다.

③ CPM(Cost per mille): 광고를 1,000회 노출할 때 광고비가 발생하는 방식. 클릭이나 어떤 액션에 대한 비용 발생이 아닌 단순 노출만 책정.

④ SEO(Search engine optimization): 검색결과가 최상단에 노출될 수 있도록 하는 작업.

처음에는 굉장히 어려운 것 같지만, 온라인 마케팅을 효율적으로 이용하려면 사업주가 꼭 알아야 하는 개념을 담아 보았다.

또한 대행사에 맡긴다 해도 결과리포트를 잘 분석해야 후에 예산 책정에 휘둘리지 않을 수 있다. 현재는 개인당 소비 패턴에 따라 다르게, 또한 입맛에 맞게 광고를 작업해야 한다. 다만 앞서도 말했지만 경쟁이 심해졌기 때문에 단가를 너무 높게 책정할 경우 예산에 무리가 갈 수 있으니, 분석 후 적정 한도 내에서 집행하길 추천한다. 돈 벌자고 하는 것이 마케팅이다. 주객이 전도되지 말아야 한다.

다음 장에서는 종류별 광고를 어떻게 세팅하는지 알아보자.

3. 온라인 마케팅에서 절대 놓칠 수 없는 네이버 광고!

1) 플레이스 광고

플레이스 광고는 쉽게 설명해서 지도(map)를 이용한 광고 시스템이라고 보면 된다. 네이버에서 찾고자 하는 **검색어를 서칭했을 때 중간에 지도가 나오는 것을 보았을 것이다.** 그리고 지도 안에 본인이 찾고자 했던 검색어의 상점들이 죽 나오고 나열되어 있는 것, 바로 이것이 플레이스 광고이다.

네이버 플레이스 광고

사실 광고 시스템을 이용하지 않아도, 네이버 광고에 등록하면 무료로 서칭이 되지만, 요즘엔 워낙 경쟁이 가속화되었기 때문에 광고 타깃팅을 잡는 것을 추천한다.

다만, 내가 잡고자 하는 키워드(내 점포를 소비자가 어떤 키워드로 찾아 들어오는지)를 사용하는 업체가 **10개 미만**이라면 사실상 클릭(CPC)당 비용(50원)으로 무작위 노출되기 때문에 크게 의미가 없다.

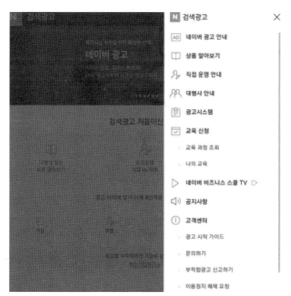

네이버 광고 세팅 화면 1

네이버 광고 세팅 화면 2

광고 시스템 사이트에 로그인한 후 오른쪽 메뉴의 광고 시스템 메뉴를 클릭하면 된다.

네이버 광고 세팅 화면 3

광고 시스템을 클릭한 후 새로운 광고그룹을 추가해야 한다. 그래야 여러 광고그룹을 만들 수 있다.

스터디카페는 오프라인 사업이고 대상자가 한정적이라 말했다. 그렇기 때문에 고객이 그리 세분화되지 않아 광고 시스템을 여러 갈래로 만들지 않아도 되지만, 대상자가 다양하고 세일즈하는 품목이 많은 사업일 경우 플레이스의 광고 시스템이 여러 개로 설정될 수 있다. **각 사업 특징에 맞춰 설정**하면 된다.

2) 지역소상공인광고

네이버 광고 세팅 화면 4

블로그를 서치해서 읽다 보면 아래쪽에 광고 표시로 사업광고가 뜨는 경우가 있다. 사업주가 설정한 **5개 동·읍면에서 접속한 사용자에게 뜨는 광고로**, 오프라인 사업주에게는 꼭 필요한 광고 시스템이다.

네이버 광고 세팅 화면 5

사업장명과 노출시키고 싶은 키워드 2개 정도 그리고 클릭했을 때 전환되는 페이지 URL을 입력하면 된다. 이때 **꼭 네이버스마트플레이스 주소**를 넣어야 한다! 그럼 트래픽 유입 효과로 **스마트플레이스 순위도** 높일 수 있다!

스터디카페 특성상, 24시간 영업, 직주근접 소비자를 타깃팅하는 광고이기에 단순하게 세팅했지만 후에 소비자 영역을 넓히기 위해서는 서브 키워드를 제외하고, 광고시간, 타깃층 등을 다분화하여 광고 세팅을 해야 한다는 점을 명심하길 바란다.

4. 페이스북, 인스타그램 광고 시스템과 이제는 필수가 된 당근마켓 광고

대한민국 국민이 가장 많이 이용하는 검색광고 1위는 당연 네이버 플레이스다. 그럼 가장 많이 노출될 수 있는 광고 플랫폼은 어디일까?

바로 '페이스북/인스타그램'이다. 2022년 기준 전 세계 SNS 유저는 46억 명 정도 되며, 세계 인구의 60프로 정도 된다고 한다. 2027년까지 약 60억 명이 될 것이라 예측하고 있다.

1) 페이스북, 인스타그램 광고 시스템

20~40대 소비자층을 겨냥한 사업에서 가장 중요한 광고이다. **현재 (2022년 6월 기준) 페이스북의 유저 수는 전 세계 22억 명, 인스타그램 12억 명 정도이다.**

국내에서도 가장 많은 유저들이 사용하는 SNS 플랫폼이다. 나는 그렇기에 대중적인 인지도보다 '유저 수'에 입각해 페이스북 관리자를 통한 광고 세팅을 추천한다. 어차피 인스타그램에도 연동이 되기에 크게 차이가 없다.

우선 페이스북 광고를 세팅하기 위해서는 **페이스북 광고관리자 사이트**나, 모바일용으로는 **Meta 광고관리자 어플리케이션 다운**을 권한다. 어차피 사업을 한다면 데스크에 앉아 PC를 보는 것보다 모바일 활용이 더 용이할 것이기 때문에, 두 개 다 사용하기를 바란다.

페이스북 광고 설정 어플리케이션

모바일 버전에서는 이 어플리케이션을 꼭 깔아야 한다. 기존에 기입되어 있던 페이스북 계정으로 로그인을 하고 접속한다.

페이스북 광고 설정 1

그러면 이렇게 기존에 진행했던 광고캠페인들이 목록화되어 있는 걸 볼 수 있다. 이전의 캠페인을 다시 재활성화할 수 있고 아니면 새로 등록할 수도 있다.

새로운 캠페인을 만들기 위해서는 오른쪽 위의 + 버튼을 클릭한다.

페이스북 광고 설정 2

클릭하면 이렇게 마케팅의 목표 설정의 첫 단계를 마주하는데, 우리의 목표는 제1의 마케팅 채널인 **네이버 플레이스 페이지 전환 유도 '웹사이트 트래픽'**이다.

이유는 첫 번째, 오프라인 업체이기에 따로 수익이 발생할 홈페이지가 없고, 두 번째, 자체 홈페이지가 있더라도 거기에서 바로 구매를 일으키는 동기와 매개는 약하기 때문이다. 즉, 시설업은 자체 홈페이지를 방문했다 하더라도 소비자는 정보만 얻지, 구매까지는 바로 이어지지는 않는 구조다.

그럼 왜 네이버 플레이스인가? 유도된 트래픽은 바로 네이버 플레이스의 검색순위를 높여 줄 수 있다. 전 챕터에서 말했듯이 네이버는 국민 검색페이지가 되었다. 쇼핑몰은 아니지만 네이버에서 나타나는 정보의 파급력은 소비자의 구매행동에 큰 영향을 미친다.

그렇기에 페이스북과 인스타그램의 목표는 '웹사이트 트래픽'으로 클릭해 준다. **특정 카테고리는 정하지 않는다.** 우리는 공부나 일을 하는 구매자에게 장소를 제공한다. 그 니즈를 갖는 사람들이라면 가리지 않아야 한다.

캠페인 목표인 웹사이트는 네이버 플레이스의 주소를 입력한다.

네이버 플레이스 주소 복사

네이버 플레이스 주소를 복사하려면 사업장의 플레이스 접속 후, 오른쪽 중간 공유 버튼을 누른다. 맨 아래 URL 복사 버튼을 누르면 된다. 생각보다 네이버 플레이스로 전환하는 일이 많을 것이기에 따로 메모장에 적어 놓고 쓰길 바란다. (예: 카톡채널)

페이스북 광고 설정 3

계속 말하지만, 사물함을 이용하는 장기고객이 있을지라도 스터디카페의 주 고객층은 직주근접이 가능한 근방의 학습욕구가 있는 소비자들이다. 브랜드마케팅이나 온라인이 아닌 이상 점포 중심 **2km에서 5km가 적정하다.** 사실 2km도 괜찮지만, 근처에 큰 기업이나 학교가 있을 경우 거주지는 가까울 수 있으니 5km까지 넉넉히 설정하면 잠재고객들에게

적절히 노출될 수 있고, 광고비용도 줄일 수 있다.

페이스북 광고 설정 4

연령은 학부모님들의 연령까지 고려하여 18세~57세, 성별과 그 밖의
조건은 무관으로 설정하면 된다.

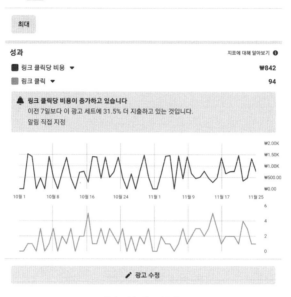

페이스북 광고 설정 5

실제 내 캠페인 중 하나이다. 최종목표를 구매로 설정하지 않았기에 구매 ROAS를 제외하고는 수치로 표시되는 걸 볼 수 있다.

타깃을 설정하고 최종금액과 기간을 정하면 CPC가 나오는데 대부분 경쟁강도가 높지 않다면 900원 미만, 혹은 더 낮춰도 상관없다.

지역범위가 좁은데, 너무 높은 금액으로 **동일한 광고를 자주 노출시켰을 경우 소비자에게 피로도를 증가**시킬 수 있기에 유의해야 한다.

2) 당근마켓 광고

당근마켓 광고는 오프라인 매체에겐 절대적으로 필요한 광고 시스템이다.

언제부턴가 우리 일상에 없어서는 안 될 어플리케이션 당근마켓은 근처 거주민들 대상으로 중고거래 물품이 노출되는 시스템으로, 몇 년 전 판교마켓에서 시작한 작은 플랫폼이다. 현재는 유저 수 및 기업가치가 매우 높으며 특이한 점은 마켓 플랫폼에도 불구하고 동일 **유저가 하루에도 몇 번씩 접속한다는 점**에서 대형 SNS와 비슷한 맥락을 가진다는 것이다. 이제 당근마켓은 상호교환뿐 아니라 친목 즉 **소셜 측면**에서도 중요한 위치를 점하고 있다.

광고 상세

미네르바스터디카페 낙성대역점

광고 미리보기 | 광고 소재 수정하기

◦ 광고 중

비용	176,524원
기간	2022-03-28 22시 ~ 2022-11-28 0시
노출 지역	총 25개

사당제1동, 사당제3동, 사당제4동, 사당제5동, 보라매동, 청림동, 성현동, 행운동, 낙성대동, 청룡동, 은천동, 중앙동, 인헌동, 남현동, 서원동, 신원동, 서림동, 신사동, 신림동, 대학동, 삼성동, 미성동, 난곡동, 봉천동, 사당동

성별 및 연령	모든 성별, 모든 연령
	모든 성별 · 모든 연령
하루 예산	2,000원

지역별 | 일자별

오늘 | 이번주 | 1개월 | 3개월 |

2022년 11월 19일 ~ 2022년 11월 25일

당근마켓 광고 설정 1

높은 트래픽으로 근처 소비자들에게 우선 노출되는 것은 우리가 잡아

야 하는 <u>광고요소</u>이다. 오프라인 매장이 당근마켓에서 광고 세팅을 안 할 이유가 없는 것이다.

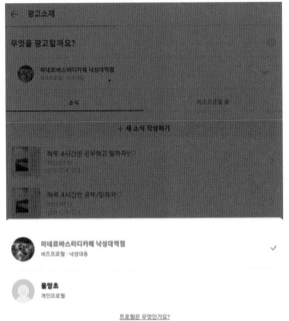

당근마켓 광고 설정 2

당근 어플리케이션에서 광고를 들어가서 광고 만들기를 클릭하고 홈 피드를 선택한다.

해당 비즈니스 업체를 선택하면 된다. 개인 계정이 있는 경우에도 비즈니스 계정 추가를 꼭 추천한다. 어플리케이션 내이지만 사업체 홈페이지가 따로 생기기에 더 많은 정보를 빠르게 노출시킬 수 있기 때문이다.

당근마켓 광고 설정 3

    광고를 만들기 전에 어플리케이션 내 사업체 홈페이지 게시글을 작성해 두면 훨씬 빠르게, 또 일거양득의 효과를 거둘 수 있다.

    미리 올려놓은 게시글로 홈페이지 내 **사업 소개**는 물론 관련된 게시글로 **광고를 할 때 설정시간을 아낄 수 있으니**, 꼭 먼저 게시판에 올릴 포스터나 전단지 작업 후 광고 진행을 하길 바란다.

광고에 내 지역 표시하기

광고에 내 지역 정보를 보여주고 싶다면
체크해주세요.

확인

당근마켓 광고 설정 4

광고 내 지역 표시는 넓은 지역의 타깃을 목적으로 하는 경우에는 필수이나 스터디카페는 크리티컬한 사항은 아니니 굳이 신경 쓰지 않아도 된다.

[PC버전 오픈] 당근비즈니스로 더 편하게 광고하세요   >

광고 상태 ∨   게재 위치 ∨

● 광고 중
미네르바스터디카페 낙성대역점
홈 피드 게재

노출 수	클릭 수	클릭률	비용
41,765	1,419	3.4%	176,431원

● 기간 종료
하루 4시간만 공부하고 일하자!!♡
홈 피드 게재

노출 수	클릭 수	클릭률	비용
2,585	64	2.5%	10,329원

● 기간 종료
여름이닷♡ 300시간 받고 30시간 더(완전열공요금제)
홈 피드 게재

노출 수	클릭 수	클릭률	비용
2,005	21	1.0%	8,120원

● 기간 종료
봄맞이 세일♡
홈 피드 게재

노출 수	클릭 수	클릭률
5,338	90	1.7%

＋ 광고 만들기

당근마켓 광고 설정 5

당근마켓 광고 설정 6

    당근마켓은 최근 빠르게 성장하고 있지만 타 플랫폼에 비해 **유저 수가 적고** 중고거래 시 **가족끼리 핸드폰을 공유하는 경우**도 있기에 타깃 설정은 제한을 두지 않고 모든 성별과 연령으로 해 두었다.

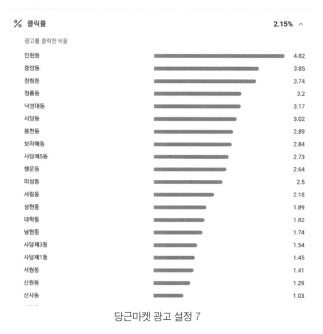

당근마켓 광고 설정 7

광고 설정한 일자별 지역별 노출빈도율과 클릭률을 볼 수 있다. 나는 **20~30대 직장인이 가장 많이** 이용하는 **금요일~일요일까지** 최소금액으로 설정해 두었다. 지역은 페이스북과 비슷한 반경으로 '동'을 세팅해 두었다.

각자 지역인구 특성에 맞게 휴일이나 혹은 평일 오후시간대에 집중적으로 노출 설정을 해 놓으면 **좀 더 효율적으로 비용을 절감**할 수 있다.

그 밖의 매출
증대법

1. 니즈를 만들어 고객을 끌어오자, '소모임'

약 30년 전부터 서울을 중심으로 20~30대들에게 큰 영향을 미친 문화가 있었다. 바로 인터넷 동호회다. 10년 전부터 스마트폰이 보급화되고 그 문화는 어플리케이션으로 거슬러 올라왔다. 현재 젊은 층이 많이 이용하는 어플리케이션 중 하나가 바로 **'소모임' 어플리케이션**이다.

스터디카페 창업 전 가장 중요한 건 바로 **시장분석**이라고 했다. 지피지기면 백전백승. 20~30대 1인 가구가 가장 많은 관악구에서 자영업을 하면서, 그들이 가장 많이 모여 있는 플랫폼을 이용하지 않는다는 건 어리석다.

앞장에서 설명한 인스타그램, 페이스북은 사실 전국 어디서나 꼭 사용해야 하지만 이 동호회 플랫폼들은 **타깃층이 맞닿아 있다면 그 파급력은 대형 플랫폼과 맞먹는다고 생각**한다. 그렇기에 스터디카페 사업주분들은 더욱 더 꼭 이용하시길 바란다.

그럼 내가 어떤 모임을 만들고 운영했는지 알아보자!

1) 스터디카페, 뭐니뭐니 해도 공부모임
- 20~30대들의 불안심리를 위로하고 응원하자, 자율스터디

소모임 어플리케이션 활용 예시 1

당연하다 생각했는가? 어차피 누구나 다 하는 거였을 거라고?

내가 5년간 스터디카페를 다니면서 **자체적으로 이런 모임을 운영하는 사업주는 단 한 명도 본 적이 없다.**

그럼 난 활발하게 활동을 했을까? 1년간 운영하며 회원을 30명을 넘겨 본 적이 없다.

이 자율스터디는 **회원 수가 중요한 게 아니다.**

노출이다.

한 명이라도 첫 방문하게 하는 트리거(Trigger)

스터디원을 모집하며 단 한 명이라도 **스터디카페를 방문하게 하고 알리는 것**, 그것이 바로 내 목표였다.

지역별로 최우선 노출이 되는 이 어플리케이션의 장점을 적극 활용하시길. 생각보다 <u>당신의 스터디카페를 모르는, 학습의지가 있는 고객들이 많다는 걸</u> 꼭 기억하길 바란다.

2) 내 취미로 매출에 도움을 주자
- 꾸준히 해 온 영어스터디 모임

소모임 어플리케이션 활용 예시 2

난 30살부터 비정기적으로 영어스터디 모임을 운영했다. 영어 학습에 대한 대체 기관이 많은데도 소규모 비정규 모임이 잘될까?

20~30대에겐 오히려 선호도가 훨씬 더 높다. 왜냐하면 한 달마다 고비용을 바로 지불하는 아카데미보다 **자기가 시간이 될 때** 훨씬 더 낮은 **저비용으로** 참여할 수 있는 영어스터디 모임이 접근성이 용이하기 때문이다.

그렇기에 모임으로 오프라인 트래픽을 늘리려면 **'영어'는 필수**이다. 비정기적 영어스터디 모임 운영은 미네르바 스터디카페로의 유입을 효과적으로 늘렸다. 후에는 한 번에 모이는 인원이 내가 수용할 수 있는 케파(Capacity)를 넘어 바로 옆 스터디룸을 대여해 운영했다.

영어스터디 모임 운영은 사실 내 취미에서 시작했지만, 내 실력 향상뿐 아니라, **스터디카페 주요 타깃층에게 가장 강력히 어필할 수 있던 계기가** 되었다. 운영을 전혀 하지 않는 지금도 소모임 내 어플리케이션에선 적지 않은 수의 회원들에게 **스터디카페명이 노출**되고 있다.

3) 책, 책, 책! 책을 읽읍시다!
- 코로나 시대에 급부상한 취미, 독서모임

소모임 어플리케이션 활용 예시 3

20~30대 고객층에게 가장 많이 노출될 수 있는 모임 형태 중 또 하나는 바로 독서모임이다. 지금은 많이 완화가 되었지만 코로나로 대면이 불가해지면서 독서에 대한 취미욕구는 더 높아졌다.

나는 '**취미생활 영위 + 니즈 충족 + 4인 스터디룸 활용방안**'으로 독서모임을 시작하게 되었다. 처음에는 가볍게 시작했지만 생각보다 많은 수요층이 있어 운영진을 두며 격주로 진행했다.

사실 마케팅 측면에서 보자면 앞서 설명한 2개의 모임보다는 유의미한 고객층의 확보는 아니었지만 근처에 거주하는, 적어도 책을 한 달에 한 권씩을 읽으려는 미래 잠재고객에게 우리 **스터디카페를 한 번이라도 보여 주는 좋은 계기**가 되었다.

위 세 가지 모임 운영이 직접적인 매출 증대에 도움이 되었는지는 정확히 알 수는 없다. 그러나 늘 말하지만,

잠재고객에게
내 사업장을 한 번이라도 보여 주는 것,
더불어 한 번이라도 발을 붙이게 하고 써 보게 하는 것은
오프라인 사업장에서는 정말 중요한 요소이다.

요즘에는 네이버 동네모임, 당근 소모임 등 다양한 플랫폼에서 동네 기반 소셜모임을 진행하고 있으니 꼭 이용해 보시길 바란다.

2. 손님을 내쫓자, 블랙컨슈머 대응법

'손님은 무조건 왕이다!'라고 외치던 시절이 있었다. 경제성장률이 치솟던 그즈음에는 구매력을 가진 소비자 계층이 큰 폭으로 늘어나 중산층들도 한 번에 고가의 물건들을 사던 시절이었고, '손님이 왕이다'라는 말은 이때 탄생되었다.

그러나 현재는 어떠한가? 감성 노동, 근로자도 사람이라며 노동서비스와 근로자들의 인권 향상에 힘쓰는 시대가 되었다.

내가 지금 여기서 하는 이야기는 근로자와 소비자를 나누자는 것이 아니다. 소비자를 왕처럼 떠받드는 것이 아닌, 매출 증대를 위해 소비자를 가려 받아 최선의 서비스를 제공해야 하는 시대로 도래되었다는 것을 말하고 싶은 것이다.

그럼 어떤 소비자를 받지 말아야 하는 것일까?

1) 현재 운영하는 사업 시스템에 적응하지 못하는 소비자

현재 내가 운영하는 곳은 100프로 어플리케이션으로 예약 및 결제가 가능한 곳이다. 이 말은 키오스크가 없고, 현금 결제가 용이하지 않다는 것이다.

아직까지 대다수의 스터디카페가 키오스크를 가지고 있다. 어플리케이션을 다운받지 않아도 현금이나 카드로 키오스크에서 결제한 후 입장

하는 방식을 고수하고 있다.

그러나 난 인수하자마자 기존의 키오스크를 중고로 매도하였고 100프로 어플리케이션으로 무인화하였다. 키오스크를 없애고 기존 고객들의 반발도 있었다. "불편하다", "핸드폰이 없다", "현찰로만 결제가 가능하다" 등 여러 불만들이 나왔다.

그러나 현재는? **매출 200배 향상.**

그 전 고객들 중 몇몇은 떠난 것으로 알고 있다. 그러나 나는 강행했다.

아무리 아직까지 키오스크를 운영하는 스터디카페가 많다고 해도, 어플리케이션의 장점이 워낙 많기에 결국 대부분 전환기를 맞이하게 될 것이다. 그리고 현재 키오스크와 어플리케이션 2개 체제를 동시에 운영하는 업장이 늘어나고 있는 추세이다.

만약 사업주 판단하에 전환이 불가피하고 장기적으로 더 우세하다는 판단이 들었다면 **기존 소비자의 이탈만 생각하지 마시기를.**

현재 내 네이버 플레이스 고객들이 써 준 리뷰의 대부분이 어플리케이션의 장점인 것을 보면 분명 **새로움에 목마른 충성고객들이 바운더리 밖에도 있다는 것을 잊지 말자.** 자신과 기술의 발전을 믿고 과감히 실행해 보자.

2) 계속 불평만 늘어놓는 소비자

어떤 사업이든 약점(Weakness)은 존재한다. 모든 걸 다 100프로 커버할 수는 없다는 말이다. 지적받는 것을 두려워하지 말자. 그런데 때로는 이 작은 구멍에 계속 흠집을 내고 강력히 불만을 표시하는 소비자들이 있다.

바로 **블랙컨슈머**. 업장의 차이를 설명하고 사과하며 어느 정도의 미흡함을 인지해 주어도 계속해서 같은 지적만 일삼는 고객이다.

'에너지 뱀파이어'라고 들어 봤는가? 사람 사이에는 꼭 본인의 힘든 점만 이야기해서 타인의 에너지를 뺏는 자들이 있는데, 이는 시장에도 존재한다. 이런 소비자들은 조용히 더 좋은 곳으로 보내 드려야 한다. 포기하는 것이 아니다.

내 약함을 인지하고 고치려고 노력하되 그 시간을 기다려 주지 않는 고객은 잠시 놓을 필요가 있다. 그들을 너무 설득하려 하지 말자. 선을 넘으며 만족시키려 하지 말자. 사업장의 단점에 큰 상처를 받지 말자.(상처받을 시간이 없다. 간극은 결국 내가 메꿔야 한다)

간혹 계속되는 컴플레인에 지쳐 말도 안 되는 가격으로 되파는 사업주 분들이 계신데, 본인의 몫은 꼭 챙기시길.

그리고 그 전에 꼭 생각해 봐야 할 명제가 있다.

정말 나 말고는 대체할 것이 없을까?

꼭 비싼 인력을 쓰라는 것이 아니다. 만약 계속되는 물음과 답변에 지쳤다면 FAQ를 조금 더 효율적으로 자동화하는 방법도 있다. 난 카카오톡 채널을 운영하며 미운영시간을 공지했고, FAQ를 아래 화면에 세팅해 두었다. 네이버 플레이스에도 같은 내용을 명시했으며, 만약 내가 전화를 못 받을 경우 자동 FAQ 메시지가 전달되도록 세팅해 두었다.

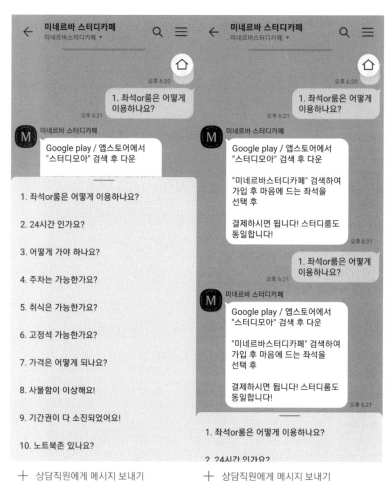

카카오톡 채널 '미네르바 스터디카페' 자동메세지

곧 모든 일들이 AI로 대체된다는 4차 산업혁명의 시대다. 감정적인 노동을 굳이 다 껴안으려 하지 말고 욕심을 버리고 권한을 위임하며 시간과 에너지를 아껴 새로운 고객들을 유인하는 데 더 집중해 보자.

3. 레버리지(Reverage)
– 아르바이트생에 관하여

레버리지란, 사채, 차입금 따위의 고정 지출과 설비, 기계 따위의 고정 비용이 기업 경영에서 '지렛대'처럼 중심 작용을 하는 일을 말한다. 일명 '지렛대이론'이라 일컫는 경제용어다.

무인 사업인데도 레버리지가 필요할까요? 직접 일을 하면서 돈을 아끼는 게 더 좋지 않을까요? 이렇게 물어보시는 사업주분들도 많으신데, 답은 반은 맞고 반은 틀린 대답이다.

애초에 스터디카페를 창업하려는 분들의 대다수는 '무인'이라는 키워드에 꽂혀 창업을 했다. 아무리 쉬운 청소와 정리라도 시간이 가면 내 노동력에 대한 가치판단을 내리는 때가 온다.

'내가 지금 여기서 뭐 하는 거지?'

'이게 맞는 건가?'

사업 운영상 한두 번씩 시찰용, 혹은 자기 다짐용이면 상관없지만 1시간에 최소비용을 받는 일에 자기 노동력을 계속해서 투입한다면 언젠가는 지치게 마련이다.

그렇기에 난 무인 사업 특히 스터디카페 6개월 차 이상 사장님들께는 꼭 권한위임(empowering)을 하라고 추천한다.

1) 아르바이트생 고용

혹자는 자기 손을 타지 않으면 깨끗해지지 않는다고 걱정하는데, 그건 잘못된 레버리지 사용이다. 정확한 매뉴얼을 만들고 꼼꼼히 이행하도록 시키는 것까지 사장의 몫이다. 만약 그들이 일을 제대로 못 하고 있다면 그건 인력을 잘못 뽑은 사장 탓이다. 제대로 교육을 시키지 못하였거나 감시하지 못한 점주의 잘못이 크다. 언제까지 내 손에 직접 물을 묻혀 매장을 깨끗하게 할 것인가.

난 주 3회 새벽 전문청소업체를 고용해 청소를 맡기고, 주말과 평일 저녁 아르바이트생을 각각 고용해 청소 및 정리를 시키고 있다. 일주일에 한 번 담요 세탁 빼놓고는 매일 카톡으로 사진 출첵을 하며 매장 내를 체크한다.

이 모든 것이 잘 이루어지기 위해서는 사장 본인이 창업 후 6개월간은 혼자서 일을 다 해 봐야 한다. 무조건 3개월이라도 혼자 버텨 내 봐야, 후에 일어날 급작스러운 일들에 대처할 수 있다. 아르바이트생에게 친절하되 일적으로 잘못한 것에 대해서는 엄격하게 물을 수 있어야 한다. 알지 못하는 사장만큼 눈먼 바보도 없다.

2) 심부름 어플리케이션

요즘에는 심부름 어플리케이션들이 꽤 많이 있다. 이들의 이점은 가까운 데 상주해 있는 전문가를 더 합리적인 가격으로 임시 고용할 수 있다는 것이다.

예를 들어 스터디카페는 중간, 기말 때 사람이 몰리는데 몇 번 변기가 막힌 적이 있었다. 어느 날은 내가 지방에 가 있는 토요일 저녁에 연락이

온 적이 있었다. 근처 전문가들한테 연락을 해 보았더니 다들 5만 원 이상을 부르기에, 바로 심부름 어플리케이션에서 도움을 요청했다. 1시간 만에 인근에 사시는 평점 좋은 분과 매칭이 되었고 그분은 실시간 사진 첨부와 원인까지 알려 주셨다. 1만 원에서 3천 원 할인쿠폰을 사용해서 내가 그분께 지급한 금액은 총 7천 원이었다.

바야흐로 긱(Gig) 시대가 도래하였다. 개인이 프리랜서가 되어 단건 계약 체제로 일을 받고 수임료를 받는 세상이 온 것이다.

그 전문가 덕분에 난 지방에 있었지만 마음 편하게 일을 처리할 수 있었다. 돈을 아끼자는 것이 아니다. 무인 사업자는 그 특성에 걸맞게 최소한의 노동력을 투입해 다른 사업, 먹거리에 힘써야 한다. 이 밖에도 전 세계에는 우리가 아직 알지 못하는 여러 툴(tool)과 시스템이 있다. 각자의 지렛대를 이용하여 더 나은 서비스를 제공해 사업을 키워 나가시길 바란다.

진부하지만 그럼에도
마인드세팅

1. 나보다는 소비자를 먼저 생각하자!

진부한 얘기지만, 내가 처음에 인수를 하고 가장 많이 생각했던 것은, 사장으로서의 수익이 아니라 소비자의 입장이었다.

① 소비자로 하여금 어떻게 하면 이곳을 방문하게 할 수 있을까?
② 그리고 어떻게 하면 다시 오게 할 수 있을까?

이 두 가지만 골똘히 생각하였다. 소비자로서 생산자의 삶으로 마인드를 세팅한 것이다. 그리고 생산자의 수익이 먼저가 아닌 소비자의 문제해결이 내 주된 목표였다. 화장지 1겹을 2겹으로 바꾸고, 종이컵을 더 편하게 질 좋은 제품으로 바꾸고, BGM을 세팅하고, 가방을 놓을 수 있게 개인 바구니 및 개인 옷걸이를 설치하고, 여자화장실 소품을 설치하는 등 수많은 것들은 바로 소비자로서 내가 공부를 할 때 이곳을 최상으로 만들겠다는 목표에서 한 단계씩 이루어진 것이다.

물론 이 방법들을 이미 하고 계시는 점주도 있을 것이고 '별거 아니네'라고 코웃음 치는 사람도 있겠지만 이것들을 다 하고 있는 주변 스터디카페는 단 한 군데도 없었다. 내가 6달 동안 하루에 12시간 이상 거주하며 직접 청소하고 소비자들에게 직접 묻고 사용한 결과였다.

그냥 지나쳤던 불편들을 사업자가 되면 즉시 해결을 해야 한다. 바로 이게 위기이자 기회인 것이다. 스터디카페의 주 고객층은 10대 후반에서

30대 초반이다. 그들은 불만을 잘 표시하지 않는다. 또한 '불만을 표시하는 것=귀찮은 것'이라 생각하는 세대이며, 워낙 경쟁률이 치열한 업종이다 보니 이런 불만은 기존 고객들의 탈피라는 큰 리스크로 다가온다.

그러니 처음 인수를 결정하게 된다면 몇 개월간은 상주하며 문제를 찾고 묻고 해결해 나가는 과정을 거치시길 꼭 추천 드린다. 어느 업종이든 이 방법은 통한다. 문제를 인식하는 것조차 힘들고 또한 이 과정을 굉장히 무서워하고 힘들어하는 사업주들이 있다. 그래서 '무인 사업'이라는 것에 쉽게 생각하고 스터디카페를 창업하시는 분들이 많은데 큰 오산이다. 쉽게 창업이 가능한 업종일수록 대체제는 무한대로 늘어난다. 그것도 아주 빠르게. 자기만의 영역을 구축하거나 아니면 바로 수익을 보고 팔아야 하는 업종이다.

난 그래도 1억 이상의 투자금을 회수하려면 우선은 앞서 말한 것들을 시도해 보시길 추천한다. 물론 투잡으로 충분히 소득을 보시는 분들도 많지만 시설업이자 진입이 쉬운 업종일수록 그 수익구간의 기간이 길지 않음을 꼭 마음속에 담고 있어야 한다.

모든 사업은 망하고 직원들은 해고된다. 이게 내가 37살에 권고사직을 처음 당하며 배운 것이고 내 지론이 되었다. 어느 업종이든 영원한 수익을 가져다주는 창업은 없다. 다만 변화하는 곳은 그만큼 수익을 거둘 것이다.

2. 비교는 금물

영업을 하다가 보면 기존의 다른 영업장과 우리 가게를 비교하기 시작한다. 좋은 점을 받아들이고 개선점을 찾는 점에서는 유익하나 너무 많은 비교는 오히려 가게 운영에 해를 끼친다. 모든 가게는 장단점을 갖고 있다. 특히나 시설업은 시간이 갈수록 노후화가 시각적으로 명확해지는 업장이기에 더욱더 그렇다. 따라서 우리는 매몰비용, 즉 우리가 지금 어디에 시간을 쓰고, 행동을 하는지 생각해야 한다.

만약 창업을 결정하기로 했거나 이미 영업개시를 했음에도 내 가게에 집중하기보단, 시찰이란 이유로 다른 입장만 보며 부러워하거나 자기 소유의 업장 매출이 부진한 이유를 탓한다면 발전이 없을 것이다.

나만 해도 처음에는 인근 주변에서 가장 낮은 매출액을 보유한 스터디 카페였다. 처음에는 기존 손님들의 컴플레인을 처리하는 데만 해도 엄청난 스트레스와 압박이 있었지만 앞에서도 말한 것처럼 시간이 갈수록 더 높은 매출을 위해 신경을 썼다. 어떻게 하면 더 많은 사람들이 찾아와 줄까? 어떻게 하면 더 오래 고객을 머물게 할지에만 신경을 쓰고 나머지는 후순위로 미뤄 두었다.

이 세상에 단점과 위험이 없는 매장은 단 한 군데도 없다. 그러니 +α 용도로만 남의 가게를 탐색하기를 바란다. 남과의 비교는 사적으로든 공적으로든 나에게 업그레이드일 때에만 그 빛을 발하는 법이다.

3. 관점을 뒤집자

내가 본격적으로 스터디카페를 알아본 것은 2021년 초부터였다. 그때만 해도 2세대 스터디카페들이 초호황기를 맞이했을 때였다. 50평대의 으리으리한 인테리어로, 대부분 초기 창업비용이 2억에서 3억대였으며 브랜드 스터디카페가 전국 스터디카페의 매출액의 대부분을 차지하던 때였다. 창업을 할 때 프랜차이즈나 개인 둘 중에 하나를 선택해야 하는데, 전자는 꽤 편하다. 모든 매뉴얼이 정해져 있기 때문이다. 인테리어, 간판의 이름 및 서체 색깔 크기까지 전국 모든 체인점들이 다 똑같이 차려진다.

나도 처음에는 인수창업을 했다. 그것도 5위 안에 드는 스터디카페 브랜드로. 그러나 1개월도 안 되어서 "Minerva"로 이름을 바꾸면서 간판을 바꾸고 하나씩 안을 재정비해 나가기 시작했다. 이유는 간단했다. 모든 게 다 너무 내 마음에 들지 않았다. 너무 구식(old fashioned)이었다.

내가 인수창업한 곳은 20~30대 1인 가구가 가장 많이 거주하는 곳이다. 아무리 초기 창업자의 정신과 인테리어가 소비자에게 먹혔을지라도 이미 몇 년이 흐른 후였다. 요즘 청년들의 감성에는 기존 브랜드의 디자인이나 콘셉트가 맞지 않는다고 생각했다.

왜 모든 스터디카페의 포스터는 동일할까? 모든 광고들은 왜 궁전식의 요금제를 부각시킬까?

스터디카페는 기본 6시간 이상 착석하는 고객들을 초기에 잡아 매월 정기권으로 유인화해야 매출이 증가한다고 했다.

생각해 보라. 20~30대의 젊은 청년들이 6시간 이상을 앉아 있는 곳이다. 아무리 공부의 집중력이 중요하다지만 더 중요한 게 있지 않을까?

나는 모든 포스터를 '감성'화했다. 특화된 장점 몇 개를 제외하고 모든 포스터 말단에 "당신의 노력을 응원합니다. -Minerva Studycafe-"라는 문구를 넣기 시작했다. 기능 중점이 아닌 감성 중심으로, 메시지는 간단하게, 다만 울림은 크게.

내가 본 광고 중에 장기적으로 기억이 남았던 콘셉트들을 분석하여 적용하기 시작했다. 이후 모든 SNS의 팔로잉과 구독자수가 늘기 시작했고 매출은 증대되었다.

이 문구 하나가 직접적인 영향이 있었는지는 정확히 모르겠으나, 내가 고용한 아르바이트생들 대부분 우리 광고에 신선한 느낌과 긍정적인 학습 영향을 받았다고 했다.

관점을 뒤집자.

모든 사업은 언젠가 망한다. 변하기 전까지는.

4. 매일 새벽 책상을 닦았으나, 출근하는 사람보다 행복했다

나는 이 말을 하기 위해 100여 군데가 넘는 스터디카페를 다니고, 우여곡절 끝에 창업을 하고, 지금까지 버텨 왔는지도 모르겠다.

모든 계약을 끝낸 12월 어느 추운 날 오전 6시, 혼자 출근해서 남루한 차림에 환기를 위해 창문을 열고 열심히 책상을 닦고 있을 때였다.

우리 스터디카페는 역 출구 바로 옆에 위치해 있어, 창문을 열면 지하철 아래로 통하는 계단이 바로 보인다. 그때 멋진 정장을 입고 지하철로 바삐 출근하는 몇몇 직장인들을 보았다. 그 순간 내 청바지를 왜 내려다보았는지는 모르겠는데, 너무 대조되어 현타(현실타임의 줄임말)가 잠시 왔었다.

"내가 지금 뭐 하는 거지?"

잠시 아무도 없는 스터디카페에서 걸레를 놓고 생각에 잠겼다.

멀쩡하게 대학을 나와서 그리고 가기 싫었던 대학원까지 가며 지키고 싶었던 커리어를 포기하고 지금 내가 여기서 뭐 하는 건가 하는 생각에 난 대답을 하지 못했다.

하지만 난 다시 걸레를 들고 열심히 청소를 했고, 약 6개월 후부터는 매출 상승, 3명의 아르바이트생 고용, 하루 1시간 미만의 근무시간으로 안정적으로 스터디카페를 운영하고 있다.

그때 잠시 주춤했지만, 생각을 돌려 나에게 질문했다. 내가 만약 저기 계단으로 내려가는 여자였다면 행복했을까? 난 1초 만에 바로 '아니, 절대!'라고 고개를 저었다.

사람은 누구나 다 자기에게 맞는 직업이 있다고 생각한다. 나는 현재의 삶에 너무 만족하고 행복하다.

창업 당시에만 해도 주변인들과의 비교, 한 번도 겪어 보지 못한 컴플레인 및 사건들, 상승하지 못할 것 같던 매출액 등 고생을 했지만, 결국 난 90프로 이상 극복했고 다시 성장해 나가고 있다.

나는 나를 알게 된 것이다. 내가 어떤 일을 할 때 좋아하고, 어떤 일을 잘하지 못하는가에 대한 분명한 선이 존재해야 한다. 그리고 배우고 실행에 옮겨야 한다. 아무리 깨우친들 무섭다고 기존의 방식만 답습한다면 인생에 발전은 없을 것이다.

나 또한 그렇다. 두려웠지만 한 번 겪어 보았고 또 배우고 부딪히고 성장할 것이다. 실패도 있겠지만 그것 또한 결국 경험으로 남을 것이니 손해 볼 장사는 아니라고 생각한다.

이 책을 읽고 있는 독자분들도 꼭 스터디카페가 아니더라도 본인에게 맞는 업종을 선택하시길 바란다. 그리고 꼭 공부하고 즐기시길.

시간과 노력 앞에 이기는 실패는 없는 법이다.

이상 이 책을 마치려 한다.

37살, 초보 여사장의 창업 성공기

ⓒ 이자벨라, 2023

초판 1쇄 발행 2023년 10월 13일

지은이   이자벨라
펴낸이   이기봉
편집   좋은땅 편집팀
펴낸곳   도서출판 좋은땅
주소   서울특별시 마포구 양화로12길 26 지월드빌딩 (서교동 395-7)
전화   02)374-8616~7
팩스   02)374-8614
이메일   gworldbook@naver.com
홈페이지 www.g-world.co.kr

ISBN   979-11-388-2316-6 (03320)